Eva Maria Lipp • Eva Schiefer

Almkochbuch

Rezepte von Sennerinnen

av BUCH

Vorwort

Liebe Leserin, lieber Leser!

Österreich ist reich an gesunden und frischen Produkten direkt vor unserer Haustür. Die Bäuerinnen und Bauern, Sennerinnnen und Sennen, versorgen uns täglich mit Nahrungsmitteln höchster Qualität, die ohne lange Transportwege auskommen.

In diesem Kochbuch, das den modernen Menschen von heute altes Wissen von früher und hier speziell aus dem alpinen Raum nahe bringen möchte, liegt der Schwerpunkt auf selbst gemachten Produkten und selbst gekochten Speisen.

Bis auf wenige Zutaten werden alle Zutaten im Buch von den heimischen Landwirten und Sennen produziert.

Beteiligt an diesem Buch ist Forum Land, eine vom Niederösterreichischen Bauernbund initiierte, allen Berufsgruppen offen stehende Plattform für den ländlichen Raum. Forum Land will unter anderem mithelfen, die Kultur des Landes zu fördern – dazu gehört auch die Esskultur.

Gutes Gelingen und viel Freude mit den Rezepten!

Forum Land und die Autorinnen

Inhalt

Einleitung

Bedeutung der Almwirtschaft für den alpinen Raum

„Am Morgen soll man wie ein Kaiser, zu Mittag wie ein König und am Abend wie ein Bettelmann essen", sagte mein Großvater immer zu uns. Die Gesundheit und gesundes Essen sind die wichtigsten Güter, die wir in unserem Leben haben. Was aber hat gesundes Essen und Gesundheit mit Almwirtschaft bzw. mit „Almschmankerln" zu tun?

Auf etwa 17 Prozent der Gesamtfläche Österreichs werden derzeit ca. 12.000 Almbetriebe bewirtschaftet. Ein Großteil dieser Almen wird nach den Richtlinien des biologischen Landbaus bewirtschaftet.

Nur durch das Zusammenspiel von landwirtschaftlicher und schonender touristischer Nutzung kann diese einzigartige Kulturlandschaft – und damit ein wertvoller, natürlicher Lebens- und Erholungsraum – gepflegt und erhalten werden. Darüber hinaus können den Besuchern sogenannte „Almschmankerln", also Almprodukte in bester biologischer Qualität, angeboten werden.

Mehl, Milch, Salz und Schmalz, das waren lange Zeit die Zutaten für viele Speisen in der Bauernküche und auf der Alm. Diese „Kalorienbomben" waren zur Bewältigung der harten Arbeit im Wald, am Hof und auf der Alm notwendig. Das Schmalz wird heute durch leichter verdauliche Öle ersetzt; so ist es auch auf der Alm möglich, kalorienbewusst und damit gesundheitsbewusst zu essen.

„Essen hält Leib und Seele zusammen" – Das gilt natürlich insbesondere für das Essen und Trinken auf der Alm, wo die Natur noch intakt ist und wir unsere Gesundheit, unser höchstes Gut, obendrein noch durch Bewegung in der würzigen Luft der Berge fördern können.

Franz Bergler

Almleben

Almauftrieb

Abgeschieden von der dörflichen Gemeinschaft entwickelte sich hoch oben auf den Almböden einst eine kleine Welt mit ihren eigenen Sitten und Bräuchen, die trotz der harten Arbeit den Menschen früherer Zeit, insbesondere den Frauen, ein gewisses Stück „Freiheit" bescherte. Viele Sennerinnen erlebten ihre Jahre auf der Alm als die schönste Zeit ihres Lebens.

Wenn es „ grea" (grün) wurde, sehnte sich so manche von ihnen schon nach dem Tag, an dem man frühmorgens das Vieh zum Almfahren aus dem Stall holte.

Zwei Gabeln wurden dabei gekreuzt beim Türstock hingelegt – das Vieh musste darüber steigen, um Raufereien zu verhindern.

Oben angekommen, gab es für jedes Stück Vieh ein kleines Büscherl Heu, vermischt mit geweihten Palmbuschenzweigen, um Schutz für Mensch und Tier zu erbitten.

Vor dem Almauftrieb werden auf dem Heimhof alle Lebensmittel, welche zur Versorgung der Sennersleute mitgenommen werden, in eine Truhe gepackt. Dazu gehören Brot, Speck, sämtliche getrocknete Gewürze, Marmelade, etwas Schweineschmalz, Grieß, Salz, Arzneimittel, „Leinenfetzen" (Leinentücher), Käsetuch, ein paar Eier und Schnaps. Der Schnaps wurde früher im so genannten Sennerinnenkoffer (Überseekoffer) zwischen den Kleidungs- und Wäschestücken verkeilt, damit die Flaschen nicht zu Bruch gingen. Der Almauftrieb findet nach wie vor Anfang bis Mitte Juni statt.

Kuhketten wurden vor einiger Zeit zum Teil auch noch mitgenommen, da auf den Almen keine vorhanden waren. Der Weg vom Heimhof bis zur Alm wurde immer zu Fuß zurückgelegt, auch wenn der Weg noch so beschwerlich und weit war.

Bis zum Peterstag, dem 29. Juni, war es nicht üblich, dass die Sennerin und ihre Gehilfen und Gehilfinnen auf der Alm besucht wurden. Wer vor dem Peterstag kam, brachte kein Glück. Man sagte, dass es dadurch zu „Kasstellenluken" (der Käse ist nicht gelungen, die Butter ist nicht zusammengegangen…) käme. Dies war mitunter ein wirtschaftliches Risiko und deshalb haben die Besucher diesen Zeitpunkt auch ernst genommen und sind erstmals am Peterstag auf die Alm „nachgegangen".

Das Leben auf der Alm

Von Beginn des Almauftriebs an war die Sennerin mit dem Hüterbuben, sofern einer notwendig war, allein. Sie durfte sämtliche Arbeiten verrichten, für die auf dem Heimhof eigentlich ein Knecht zuständig war.

Erst zum Jakobstag (25. Juli) kam der Bauer mit dem Gesinde auf die Alm zu Besuch. Einen Tag vorher kam bereits der Schafknecht und holte die Schafe. Zwei wurden für die Versorgung mit Fleisch gestochen und für den Verzehr am eigenen Hof mitgenommen.

Ab dem Jakobstag wurden fast jede Woche zwei Schafe für die Fleischversorgung des Heimhofes, auf dem bis zu zwanzig Personen versorgt werden mussten, gestochen. Mit diesem Fleisch kam die Familie mit dem Gesinde gut eine Woche aus. Man muss jedoch bedenken, dass es fünf Mahlzeiten pro Tag gab, und die zu versorgenden Haushaltsmitglieder auf Grund der oft harten und beschwerlichen Arbeit kräftigen Appetit hatten.

Eine willkommene Abwechslung in diese raue „almerische" Arbeitswelt brachten die Almgeher. Eine fröhliche Almpartie war in den Nachkriegsjahren für viele oft die einzige Unterhaltungsmöglichkeit, wo lustig gesungen und getanzt wurde.

Die Sennerin legte auf der Alm einen eigenen kleinen Garten an, der von einer Steinmauer umgeben war. Neben einer großen

Anzahl von Kräutern wurde auch Salat für den eigenen Bedarf angebaut, obwohl sich dieser in Folge der manchmal sehr kalten Tage oft verfärbte.

Groß war die Freude der Almbewohner, wenn Mitte August die ersten Erdäpfel ausgegraben, gekocht und dann mit frischer Butter und Milch verzehrt wurden. Diese einfache Speise war für alle ein Festessen.

Preiselbeeren wurden bereits auf der Alm zu Marmelade und Kompott verkocht. Da außer etwas Zucker für die Herstellung dieser Konserven nichts erforderlich war, konnten diese schnell zubereitet und in Tontöpfe oder große Vorratsgläser gefüllt werden. Sie wurden beim nächsten Almbesuch von den Hofleuten gleich mit ins Tal genommen. Der gesundheitliche Wert dieser köstlich herben Wildfrucht war allen gut bekannt. Auch die Sennerin selbst wusste diese zu schätzen und hat diese schmackhaften Wildfrüchte in der Zubereitung von Speisen und Getränken eingesetzt.

Schwammerln und Pilze wurden für den Eigenbedarf gepflückt und oft auch für den Winter konserviert bzw. getrocknet.

Fast auf jeder Alm waren neben dem Rindvieh und den Schweinen auch Hühner zu finden. Auf manchen Betrieben wurden die Eier mit dem Mehl mitgeliefert, damit sie nicht zu Bruch gingen.

Für verschiedene Besorgungen gaben die Almleute den Besuchern Zettel mit, die diese beim Kramer im Dorf ablieferten; die nächsten Wanderer brachten dann das Gewünschte wieder mit hinauf.

Heute sind die Almen gut mit befahrbaren Wegen erschlossen und der Transport von Getränken und Nahrungsmitteln bereitet

keine Schwierigkeiten mehr. Dadurch hat sich auch das Angebot von Speisen für die Almbewohner und besonders auch für die Touristen erweitert.

Während der ganzen Almzeit wurde die Betreuung des Viehs an die erste Stelle gereiht. Es musste zuallererst dem Vieh gut gehen, dann erst galt die Obsorge den Menschen, die auf der Alm vorbeikamen. Daher kam es nur sehr selten vor, dass ein Stück Vieh fehlte, weil sich Sennerin und Hüter ihrer eigentlichen Aufgabe immer bewusst waren.

Die Almbesucher sorgen auch heute noch für Abwechslung im Alltag auf der Alm und bereichern so das tägliche Leben der Sennersleute. Auf manchen Almen ist die Sennerin aber heute oft nur noch für die Milchverarbeitung und die Betreuung der Gäste zuständig, die in Massen hinaufwandern und -fahren.

Lebensmittel und kleine Speisenkunde

Neunhäutelnudel, Fedlkrapfen oder Raunggerln wurden nur zu speziellen Anlässen wie zum Almabtrieb und für besonders geschätzte Besucher gebacken.

Während der Almzeit wurde gerne die Schwarzweißbäckerei für den Eigenbedarf gebacken. So brauchte auch während der Almzeit nicht auf Nascherei verzichtet werden.

Arzneien wurden vielfach nach alten Überlieferungen bzw. nach Rezepten aus alten Büchern hergestellt.

Zum Schottenrühren kam nur die Milch aus dem letzten Abendgemelk vor dem Heimfahren zur Verwendung. Diese Milch wurde unmittelbar nach dem Melken im großen Kessel aufgekocht. Um das An-

brennen der Milch zu verhindern, musste diese während des Erhitzens ständig umgerührt werden. Die letzte Frühmilch vor dem Almabtrieb bekamen die Schweine als Trank.

Die Schafe auf der Alm wurden erst einige Wochen nach dem Almabtrieb nach Hause geholt.

Jäger und Holzknechte versorgten die Sennerin gerne mit Fisch aus den umliegenden Gewässern und ab und zu wurde auch die Leber oder ein Stück Fleisch vom erlegten Wild für den Verzehr zur Hütte gebracht.

Während der Almzeit waren Suppen mit einfachster Zubereitung und Zutaten am täglichen Speiseplan. Für die einfache Suppe wurde bloßes Fett erhitzt, mit Wasser aufgegossen und mit frischen Almkräutern gewürzt. Als Einlage gab es „nackerte" Knödel oder altbackenes Brot.

Buttermilch wurde nach dem Butterrühren gerne als Getränk verwendet, aber auch für die Herstellung von Schotten.

Eine Besonderheit in der Käseherstellung war das Abschrägen der Käse vor dem Stürzen aus der Käseform. Dadurch behielten die Käse ihre Form. Die beim Abschrägen anfallenden Stücke wurden zum bereits reifen Käse gemischt.

Das „Muas" wurde nur zubereitet, wenn zusätzliche Arbeitskräfte auf der Alm waren. Diese verrichteten Arbeiten wie Zäunen, Brennholz richten, Düngen mit verrottetem Mist, Almwiesen mähen und Heu einbringen…

Krapfen, vor allem die Ennstaler Roggenblattl aus dem oberen Ennstal, waren fast tagtäglich am Tisch.

Eine gängige Jause für die Besucher war nicht vorgesehen, die meisten hatten ihre Zehrung selbst im Rucksack.

Schnaps und Honigschnaps wurden gerne gegen Bezahlung an Gäste verabreicht.

Eine Spezialität der Bauern war der selbst gebrannte Kriecherlschnaps. Der heute so beliebte und kostbare Vogelbeerschnaps wurde eher von den Dienstleuten getrunken.

Als Ansatzschnaps wurde nur Branntwein mit Arnika angesetzt. Zum Ansetzen nahm man aber nicht den kostbaren Edelbrand, sondern den sogenannten Vorlauf, also den ersten Schnaps, der beim Schnapsbrennen durch die Leitung rinnt und der, weil er zu hochprozentig ist, zum Trinken nicht gut geeignet ist. Hier wieder wurde vorzugsweise der Vorlauf vom Brennen des Steinobstes genommen. Dieser diente auch als Heilmittel zur äusserlichen Anwendung, zum Einreiben für die verschiedensten Verletzungen.

Bei allen anderen Obstsorten wurde der Vorlauf nicht weggeschüttet, sondern dem Schnaps beigemengt.

Milch zum Trinken war rar, da diese für die Herstellung von Butter und Käse gebraucht wurde. Überhaupt wurde Milch früher meist nicht *getrunken,* sondern mit dem Löffel und eingebrocktem Brot *gegessen.*

Malzkaffee diente zur ersten Stärkung am Morgen und als Getränk zum einfachen Muas (Brennsterz oder Polenta) oder auch zu süßen Speisen.

Almkaffee, eine besondere Spezialität auf der Hütte, wurde auf Bestellung, oder wenn die Gäste schon lustig waren, zubereitet. Almkaffee wird auf jeder Alm anders zubereitet und nicht jede Sennerin lüftet das Geheimnis, welche Zutaten und wieviel sie davon verwendet.

Tee gab es auch in allen Variationen. Verschiedene Kräuter und Beeren, Blüten und besondere Pflanzen, die getrocknet wurden, hat man in der Teebereitung eingesetzt.

Schwarzhollerlaub wurde bei Fieber eingesetzt, mit Birkenlaub wurden Erkrankungen des Pansens (einer der vier Mägen des Rindes) behandelt.

Kranawitten feingehackt, mit Viehsalz vermischt, wurden dem Vieh vorbeugend gegeben. Dadurch konnte das Vieh das so genannte Birstlinggras ohne Probleme abgrasen.

Maiwipferlsaft, ein Ansatz aus jungen Fichtentrieben mit Zucker und Wasser, war der Durstlöscher in den Bergen und wurde gerne getrunken. Vielfach war er ein heilsames Mittel gegen Husten.

Ein besonderes Erlebnis für die Almleute war das Baden im Karwasser nach dem Käsen. Es wurden keine Badezusätze beigefügt, auch keine Seife, da dies im Nachhinein an die Schweine verfüttert wurde. Mit klarem Wasser wurde die Haut nachgespült, damit die Haut wieder frisch und sauber war.

Einmal einen Sommer lang das „Almleben" zu erfahren ist eine sinn- und wertvolle Bereicherung. Vieles kann hart sein, aber letztlich überwiegt die Freude. Man ist einfach stolz darauf, auf der Alm eine einfachere, seltenere Kost servieren zu können, und – es schmeckt so gut wie nirgendwo sonst!

Ein Tag im Leben einer Sennerin

Der Tag einer Sennerin begann um halb fünf mit dem Eintreiben der Kühe und der Melkarbeit. Dann wurde die Milch *heruntergetrieben* (zentrifugiert), das Vieh auf die Weide gebracht und, wieder zurückgekehrt, die Arbeit im Stall fortgesetzt. Das Ausmisten war immer eine sehr genaue Arbeit, und die Ordnungsliebe einer Sennerin wird auch an der Sauberkeit des Stalls gemessen. Das Futterschneiden, das in eigenen, auf dem Kopf getragenen „Gleckstüchern" eingebracht wurde, war die nächste Arbeit. Mittags gab es für alle ein Almkoch, eine mit Weinbeeren und Zimt im süßen Rahm aufgekochte und anschließend geröstete Grießspeise, die auch gut angezuckert sein musste.

Butter rühren und Holzhacken folgten am Nachmittag, bevor man gegen fünf Uhr abends das Vieh wieder zum Melken hereinholte. Darüber hinaus musste auch noch gekäst werden, was mitunter auch erst abends nach Erledigung der anderen Arbeit geschah. Käse und Butter wurde in gewissen Abständen zum Heimhof ins Dorf getragen. Oberstes Gebot war und ist peinliche Sauberkeit. Die schön gemodelte und verzierte Butter ist der Stolz jeder Sennerin.

Almabtrieb

Der Almabtrieb ist noch immer ein festlicher Tag im Almleben, auf den sich die Sennerin und die Bauersfamilie immer sorgfältig vorbereitet haben. Das Hab und Gut der Sennerin wurde wieder sorgsam in den Überseekoffer eingepackt und gemeinsam mit der Fedlfuhre zu Tal gebracht. Der Käse wurde zum Heimfahren zwischen Farnkraut eingekeilt, damit die Käsestöcke ganz blieben. Ist der Almsommer gut und ohne Verluste zu Ende gegangen, bekränzt man das Vieh, schmückt die Leitkuh mit der großen Glocke, und fährt heim. An die wartenden Passanten verteilen die Ankommenden als kleinen Gruß von der Alm die Raunggerl, die Fedlkrapfen, die Rumpelnudeln und die Almkrapfen. Begleitet wird der Almabtrieb mancherorts mit Musik und dem sogenannten Sautreiber. Dieser Sautreiber ist eine schillernde, an Gesicht und Händen schwarz bemalte Menschenfigur, welche die bösen Geister vertreiben soll. Der Kranz der Leitkuh wurde zuhause an der Stalltür befestigt und erinnerte das ganze Jahr über an einen guten und glücklichen Almsommer.

Almspezialitäten aus Österreich, Bayern und Südtirol

In allen befragten Regionen sind die Almspezialitäten geprägt von der Einfachheit der Zutaten und natürlich den unterschiedlichen Bezeichnungen.

Im Vordergrund stehen Milch- und Milchprodukte und Mehl, vor allem Weizenmehl. Dieses wurde beim Almauftrieb in ausreichender Menge in die Sennhütte gebracht.

Das benötigte Fett wurde vielfach direkt auf der Alm aus der Butter in Form von Butterschmalz hergestellt.

Für die erste Zeit nach dem Almauftrieb wurde auch Schweineschmalz aus dem Tal mitgenommen.

Besonders zu erwähnen sind die verschiedenen Kräuter bzw. Wildkräuter, die auf der Alm gesammelt wurden. Diese wurden hauptsächlich zum Würzen der Speisen und zur Herstellung von Tinkturen und Ansatzschnäpsen verwendet. Diese stellten für die Volksmedizin eine sehr wichtige Ergänzung über das Jahr hin dar.

Das Geheimnis der so gut schmeckenden Almkost lag in den Händen der Sennerinnen. Die Zutaten wurden nicht gewogen und oftmals wurde mit den vorhandenen Lebensmitteln eine Speise zubereitet, für die es sicher keine genaue Rezeptur gibt. Daraus lässt sich erklären, dass es bislang kaum schriftliche Aufzeichnungen der Küchengeheimnisse von den Almen gegeben hat. Es ist auch heute oft noch mühsam, Rezepte zu bekommen, da die Sennerinnen nach wie vor Speisen mit Löffel- und Augenmaß zubereiten.

Interessant ist, dass in all diesen Regionen auf der Alm kaum Fleischspeisen zubereitet wurden. Heute hat sich dies durch die Zufahrtsmöglichkeiten und den dadurch erleichterten Transport wesentlich geändert.

In der Erhebung von Rezepturen aus Österreich, Bayern und Südtirol konnten keine wesentlichen Unterschiede in den Rezepten und Zubereitungen festgestellt werden. Meist sind nur die Bezeichnungen der Speisen unterschiedlich.

Geschichtlicher Hintergrund der Almspeisen

Das Wort „Alm“ bzw. „Alpe“ leitet sich vom lateinischen „Alpēs“ ab und bedeutet Berge oder Hochgebirge. Beide Ausdrucksformen dieses Begriffes weisen auf unterschiedliche Sprachgebiete hin, wobei „Alm“ vornehmlich im österreichisch-bayrischen Siedlungsraum, „Alpe“ hingegen in romanisch-alemannischen Gebieten verwendet wird.

Auf der Suche nach einer näheren Definition einigte man sich ab 1925 darauf, zwischen „Alm“ als wirtschaftlichem, und „Alpe“ als geographischem Begriff zu unterscheiden. Je nach wirtschaftlicher und rechtlicher Grundlage bezeichnet man ein vom Heimhof getrennt liegendes und in den Sommermonaten genütztes Weidegebiet als Einzel-, Servituts- oder Pachtalm. In anderen Fällen spricht man von Gemeinde – oder Genossenschaftsalm. Anhand von Almnamen und späterer urkundlicher Belege lässt sich die Nutzung von höhergelegenen Weiden schon recht früh, seit dem 6. nachchristlichen Jahrhundert, der Zeit der Alpenslawen, nachweisen. Für die wirtschaftlichen Betreiber der Almen brachten die natürlichen Gegebenheiten beschwerliche Arbeit und harte Bedingungen für die Bewältigung des Arbeitsalltags mit sich. Man denke nur an all die großen Gefahren, die im rauen Gebirgsklima lauern: an Blitzschläge, Stein- und Schneelawinen, Windwürfe, Wildwasser, Muren und in früheren Zeiten die Bedrohung des Viehs und der Menschen durch Wölfe oder Bären. Davon abgesehen bot das Leben auf der Alm für die Senner und Sennerinnen ein äußerst schlichtes und karges Dasein, in welchem das Wohl der Tiere über alles ging und für die eigene Versorgung nur wenig Zeit und Möglichkeiten blieben. Die alltägliche Nahrung der Almbewohner beschränkte sich so von Anfang an auf die einfachsten Grundnahrungsmittel wie Getreide und Milchprodukte und jene weiteren haltbaren Lebensmittel, welche vom Heimhof wöchentlich bis monatlich im Austausch gegen die Almprodukte auf den Berg gebracht wurden. Für die Zubereitung der Kost stand bis zur Mitte unseres Jahrhunderts in der Hütte meist nur eine offene Feuerstelle zur Verfügung, was die Nahrungszubereitung folglich auch nur in Pfannen oder in Kesseln mit heißem Wasser zuließ. Eine willkommene Abwechslung des eintönigen Speiseplans der Almleute brachte ein Stück Wildbret vom Jäger, ein wenig Gemüse aus dem kleinen Garten vor der Hütte, frisch gepflückte Beeren und Kräuter, oder, in Zeiten besonders schwerer Arbeit, ein frisch herausgebackenes Schmalzgebäck mit Trockenfrüchten, Honig oder Schnaps gefüllt. Nichtsdestotrotz schätzten vor allem Frauen in früheren Zeiten ihr Leben als Sennerin sehr, denn es brachte ihnen im Vergleich zu anderen Stellen einen relativ hohen sozialen Stand und durch die eigenverantwortliche Arbeit ein Stück besonderer Freiheit.

Produkte frisch von der Alm

Die Bewirtschaftung von Almen hängt immer auch mit Rinder-, Ziegen- oder Schafhaltung und somit natürlich mit der Milchproduktion zusammen. Diese Milch galt und gilt es zu verschiedenen Produkten zu verarbeiten.

Vollmilch wurde kaum zum direkten Verzehr angeboten und auch für den Eigenbedarf nur wenig verwendet, da diese für die Weiterverarbeitung und zur wirtschaftlichen Führung einer Alm benötigt wurde. Das Hauptprodukt war die Vollmilch von Kuh oder Ziege. Die Schafe wurden in erster Linie für die Fleischproduktion gehalten. Aus der sorgfältig gewonnenen Kuhmilch wurden täglich verschiedene Milchprodukte hergestellt. Ganz besonders wichtig war die Butter- und Käseerzeugung. Dazu wurde die Milch vorerst mittels einer handbetriebenen Zentrifuge in Magermilch und Süßrahm getrennt. Der Rahm wurde einen Tag lang in der Almhütte in Gefäßen zum Sauerwerden aufgestellt. Das Buttern erfolgte im Butterrührkübel, welcher früher ebenfalls von Hand betrieben wurde. Heute wird der Rührkübel durch ein Stromaggregat oder mit einem Motor angetrieben. Es war durchaus hörbar, wenn sich die Butter von der Buttermilch getrennt hat. Es wurde lauter im Butterfass, weil die Butterklumpen durch das Rühren immer wieder abgefallen sind. Danach wurde die Butter in Klumpen in eiskaltes Wasser gelegt. Aus jedem einzelnen Butterstück wurde das Wasser herausgeknetet oder herausgeschlagen. Dies war besonders für die Haltbarkeit des Produktes sehr wichtig. Danach wurde die Butter in vorher zuerst heiß, dann kalt ausgewaschene Buttermodeln gepresst. Zur Ausformung gab es verschiedene Modelformen, wie Klappmodel, Emoasmodel, Butterstempel oder Truhenformen.

Die frische Buttermilch als Nebenprodukt war bei den Almgehern ein sehr beliebtes Jausengetränk. Ihr wird nachgesagt: „Die Buttermilch vom Kübel vertreibt jedes Übel". Aus der Buttermilch, welche nach einem Tag nicht verzehrt wurde, wurde der Anrührschotten hergestellt. Dieser wurde für die Schottsuppe oder als Süßspeise mit Anis und Weinbeeren verwendet.

Zur Topfenherstellung fand ausschließlich die Magermilch Verwendung. Hauptsächlich wurde Sauermilchtopfen hergestellt. Dieser bildet die Grundlage für sämtliche Almkäsesorten wie Ennstaler Steirerkas, Oberinntaler Bergkäse, Hartkäse aus Vorarlberg, Glundner Käse aus Kärnten oder der faule Käse aus Oberösterreich oder Graukäse aus Tirol und Salzburg. Labtopfen wird erst seit der Einführung neuer Techniken und dem durch fachliche Weiterbildung in der Milchverarbeitung erworbenen neuen Wissen hergestellt.

Rezepte von Grundprodukten

Butter – Sauerrahmbutter

5 l Rahm gesäuert

Gesäuerten Rahm in ein Butterfass füllen und mit gleichmäßiger Rührgeschwindigkeit bis zum Entstehen des Butterkorns rühren.

Die Buttermilch in ein Gefäß abfließen lassen und das Fass mit der Menge von kaltem Wasser auffüllen, die man an Buttermilch entnommen hat.

Das Butterfass wieder schließen und unter Rühren die Butter „waschen".

Danach das Wasser abfließen lassen. Das Wasser soll ganz klar sein.

Die Butter herausnehmen, das restliche Wasser rasch herauskneten und mit den Händen formen und in kalt ausgespülte Buttermodel füllen. Diese gefüllten Model in das kalte Wasser legen.

Nach einer halben Stunde die Buttermodel herausnehmen, die Butter vorsichtig aus der Form lösen und sofort verpacken.

Gekühlt bis zur weiteren Verwendung aufbewahren.

Butterschmalz

Sauerrahmbutter

Sauerrahmbutter in einem weiten Edelstahltopf bis ca. 70 °C erhitzen.

Bei dieser Temperatur gerinnt das in der Butter vorhandene Eiweiß und steigt als Foam (Schaum) an die Oberfläche.

Dieser Schaum wird abgeschöpft und ist für die Zubereitung von „Foamnudeln" – siehe Rezepte – besonders gut geeignet.

Die Temperatur von 70 °C ungefähr eine Stunde halten und den Schaum immer wieder abschöpfen.

Das nun klare Butterschmalz in irdene Gefäße (Tontopf) füllen und gut verschließen.

Das Schmalz langsam abkühlen lassen.

TIPP: Das Eiweiß sollte sauber herausgekocht sein, damit das Butterschmalz lange haltbar bleibt.

Schotten

Buttermilch

Der Schotten ist eine Spezialität des oberen Ennstals. Er wird aus Buttermilch hergestellt, welche in einem Topf unter ständigem Rühren zuerst aufgekocht wird.

Nach dem Aufkochen nimmt man den Topf vom Herd, gibt etwas warmes Wasser dazu und lässt das Ganze stehen, bis sich der Schotten am Topfboden abgesetzt hat.

Ein feines Leinentuch über einen Topf spannen, die Molke abseihen und die Schottenmasse weiter verarbeiten.

Schott'nkugle aus Tirol

Buttermilch

Der Schotten wird aus Buttermilch hergestellt.

Buttermilch einen Tag stehen lassen und danach ca. eine Stunde lang kochen.

Stehen lassen bis sich der Schotten zusammenzieht. Dann abseihen und austropfen lassen.

Am nächsten Tag aufbröseln und in einer Schüssel einige Tage reifen lassen.

Wenn sich der Schotten durch das Reifen erwärmt hat, salzen und kleine Kugeln formen. So werden diese Kugeln etwa vierzehn Tage (mit Fliegenschutz) luftgetrocknet.

Zur Verwendung fein reiben.

TIPP: Sauermilch verrühren und in Gläser füllen. Für die Herstellung von Sauermilch mit Früchten zuerst die vorgesehene Fruchtmischung in die Gläser geben und mit Sauermilch auffüllen. Nach dem Abfüllen Gläser sofort verschließen und rasch abkühlen.

Sauermilch

Vollmilch, Säurekultur

Die Milch auf 90 bis 95 °C erhitzen und 10 Minuten heiß halten.

Danach auf 20 bis 22 °C abkühlen und mit Säurekultur (laut Packungsvorschrift) impfen.

Bei der gleichen Temperatur 16 bis 20 Stunden gerinnen lassen.

Als Sauermilch gut verrühren und auf mindestens 6 °C abkühlen.

Sauermilchtopfen

Sauermilch

Für den Sauermilchtopfen die Sauermilch auf 36 bis 40 °C erhitzen und 30 Minuten bei dieser Temperatur halten.
Danach in ein Leinentuch oder Sieb abgießen und je nach gewünschtem Wassergehalt abtropfen lassen.
Topfen auf mindestens 6 °C abkühlen. Fertigen Topfen so rasch wie möglich kühlen, damit kein Befall mit Hefen möglich ist. Die Tücher immer wieder gut auskochen, um eine gleichbleibend gute Topfenqualität zu erzielen.

TIPP: Die Temperatur beim Erhitzen des Topfens ist für die Festigkeit des Topfens und für den Wassergehalt von Bedeutung. Je heißer die Temperatur umso fester und trockener der Topfen.
Durch das Abkochen der Milch ist eine längere Haltbarkeit des Topfens gegeben. Der Sauermilchtopfen eignet sich gut für Topfenstrudel und deftige Topfenspeisen.

Labtopfen

Milch, Säurekultur (gefriergetrocknet) oder Buttermilch, Lab

Die Milch in einem Topf aus Edelstahl auf 20 bis 22 °C erwärmen und dann mit Buttermilchkultur (gefriergetrocknete Kultur) laut Packungsvorschrift oder mit Buttermilch impfen.
Anschließend bei dieser Temperatur 30 Minuten ruhig stehen lassen. Pro Liter Milch einen Tropfen Flüssiglab zugeben und die eingelabte Milch zugedeckt bei 20 bis 22 °C 16 bis 20 Stunden eindicken lassen.
Die Masse schneiden. Den nun entstandenen Topfen in einem mit Leinentuch ausgelegten großen Sieb abtropfen lassen. Das Tuch über dem Topfen zusammenschlagen und leicht beschweren. Wenn der Topfen gut abgetrocknet ist, diesen gut durchmischen. Anschließend in gefälligen Portionen abpacken. Den verpackten Topfen gut gekühlt bis zur weiteren Verwendung aufbewahren.
Fertiger Topfen soll eine schön glänzende Oberfläche und einen leicht säuerlichen Geschmack haben.

TIPP: Zur besseren Entmolkung kann die eingelabte Milch nach 12 Stunden mit einem großen Messer in Würfel geschnitten werden. Dadurch wird der Topfen wesentlich fester.
Den fertigen Topfen rasch durchkühlen, die Haltbarkeit des selbst hergestellten Milchprodukts wird verlängert.
Labtopfen eignet sich besonders gut für die Herstellung feiner Speisen mit Topfen.

Weichkäse

20 l Vollmilch, gefriergetrocknete Buttermilchkulturen, Lab nach Anleitung

Die Milch in einem Käsefertiger oder großen Edelstahlkochtopf auf 33 bis 36 °C erhitzen. Wird pasteurisierte Milch verwendet, soll pro l Milch 1 g Calciumchlorid beigemengt werden.

Anschließend die Buttermilchkulturen genau nach Anleitung hinzufügen und die Milch bei gleichbleibender Temperatur von 32 °C 30 Minuten bebrüten.

Nach dieser Inkubationszeit wird der Milch Lab zugefügt. Das Flüssiglab mit Wasser verdünnen (2,5 ml pro 10 l Milch) und in die gesäuerte Milch einrühren.

Die Milch dann sofort „stilllegen“ und ca. 60 Minuten nachdicken lassen.

Vor dem Schneiden der Gallerte mit einem scharfen Messer die Schnittprobe machen. Wenn die dabei austretende Molke klar ist, hat die Gallerte die richtige Konsistenz und kann anschliessend in kleine Würfel (ca. 2 cm Kantenlänge) geschnitten werden. Den geschnittenen Käsebruch ca. 15 Minuten nachdicken lassen.

Nachfolgend den Käsebruch vorsichtig und ständig rühren, damit eine gleichmäßige Entmolkung erfolgen kann. Diese Entmolkung ist ungefähr nach 20 bis 30 Minuten abgeschlossen.

Den Käsebruch waschen (d.h. Molke abgießen und mit der gleichen Menge an Wasser auffüllen) und in die vorbereiteten Käseformen füllen. Die Formen nach dem Befüllen sofort wenden, damit die Käse gleichmäßig geformt werden.

Die Formen mit dem Käse in größer werdenden Abständen immer wieder wenden (von 20 Minuten bis zu 4 Stunden) bis diese vollständig entmolkt sind. Die Umgebungstemperatur soll dabei nicht weniger als 20 °C betragen.

Die fertigen Käse nach der Entmolkung und Durchsäuerung (ca. 24 Stunden) aus den Formen nehmen und je nach gewünschtem Endprodukt weiterbehandeln.

TIPP: Beim Abfüllen des Bruchs können schichtweise Gewürze wie Pfefferkörner, Kümmel, gefriergetrocknete Kräuter, Nüsse etc. beigefügt werden. Die Gewürze müssen allerdings in einwandfreiem hygienischem Zustand sein.
Beim Entmolken auf die Temperatur der Umgebung achten. Sonst entmolkt der Käse nur ungenügend (d. h. er verkühlt sich), und ist nicht gut haltbar.
Durch zu häufiges Wenden innerhalb zu kurzer Zeiträume wird der Käse auch schlecht entmolkt und er bleibt in der Mitte zu nass. Infolgedessen kann bei der Weiterbehandlung für diverse Spezialitäten das gewünschte Ergebnis nicht erreicht werden.

Schimmelkäse – Camembert

Milch, Sauermilch oder Buttermilch oder Säurekultur, Lab, Weißschimmelkultur

Die Pilzkultur wird nach Packungsvorschrift vorbereitet. Diese könnte wie folgt lauten: Pilzkultur ca. 12 bis 18 Stunden vor der Verarbeitung mit etwas Wasser vermischen und in den Kühlschrank zur Reifung stellen. Man erwärmt die pasteurisierte Milch auf 35 °C, rührt die Sauermilch oder Buttermilch oder die entsprechende Menge Säurekultur ein und lässt die Milch in einer Wärmeisolierung oder einem warmen Raum eine Stunde lang zur Säuerung stehen. Danach gibt man die Pilzkultur dazu und erwärmt die Milch nochmals auf ca. 33 °C. Das Lab wird in etwas warmem Wasser aufgelöst und in die Milch eingerührt. Anschließend die eingelabte und gesäuerte Milch in der Wärmeisolierung nochmals eine Stunde ruhen lassen. Nach dieser Zeit ist die Bildung der Gallerte abgeschlossen. Zur Prüfung führt man die sogenannte Fingerprobe durch: Man nimmt dazu den kleinen Finger und schneidet den Käse wie mit einem Messer ein. Dann stellt man den Topf leicht schräg. Wenn durch den Schnitt ein Schatten entsteht, ist der Bruch fertig zur weiteren Bearbeitung. Wenn nicht, wartet man noch ca. 15 Minuten. Bei den folgenden Arbeitsschritten sollte darauf geachtet werden, dass der Käse nicht abkühlt. Die Gallerte wird mit einem langen Messer oder mit der Käseharfe in Würfel mit ca. 3 cm Seitenlänge geschnitten. Diesen Bruch 5 Minuten ruhen lassen, damit sich die Molke absetzen kann. Danach hebt man den Bruch mit einem Schöpfer an und legt ihn nach und nach auf die Seite. Wieder 5 Minuten ruhen lassen und danach auf Walnussgröße zerkleinern. Wieder 5 Minuten warten und auf Erbsengröße zerkleinern. Nach weiteren 5 Minuten Ruhe wird die Molke abgeschöpft. Der nächste Schritt ist die vollständige Entmolkung: Die Bruchmasse wird in mit Tüchern ausgelegte Käseformen gegeben, die Tücher werden über dem Käse zusammengefaltet. Da der Käse von innen nach außen reift, sollte der Bruch nur etwa 4 cm hoch eingefüllt werden.

Der Käse bleibt jetzt 24 Stunden stehen, muss aber mehrmals gewendet werden. Danach ist die Entmolkung vollständig abgeschlossen und der Käse kann gesalzen werden: Dazu legt man den Käse in eine 18 bis 20 %ige Salzlösung. Pro 100 g Käse rechnet man eine Einwirkzeit von 60 Minuten. Nach dieser Zeit nimmt man den Käse aus der Lösung heraus und lässt ihn an der Luft abtrocknen. Als nächstes folgt die Reifung des Käses: Zeigen sich erste weiße Schimmelspuren an der Oberfläche des Käses, so lässt man diesen in einem eigenen Reiferaum bei 18 bis 20 °C 2 bis 3 Wochen reifen. Während dieser Zeit sollte der Käse alle zwei Tage gewendet werden, damit der Edelschimmel überall auf der Oberfläche wachsen kann. Die Reifung gelingt am besten bei einer Luftfeuchtigkeit von ca. 95 %. Schließlich sollte sich an der Oberfläche eine gleichmäßige, schön weiße und samtene Schimmelschicht gebildet haben.

Schnittkäse

Vollmilch, Calciumchlorid (bei pasteurisierter Milch), gefriergetrocknete Kulturen (Säurewecker) nach Anleitung, Flüssiglab

Die Milch in einem Käsefertiger oder großen Edelstahlkochtopf auf 36 bis 38 °C erhitzen. Anschließend die Buttermilchkulturen (ca. 1 bis 2 %) genau nach Anleitung hinzufügen und die Milch bei einer gleichbleibenden Temperatur von 32 °C 20 bis 30 Minuten gerinnen lassen.

Nach dieser Inkubationszeit wird der Milch Lab (3 Tropfen pro Liter Milch) beigefügt. Das Flüssiglab mit Wasser verdünnen und in die gesäuerte Milch untermengen. Die Milch dann sofort „stilllegen" und ca. 40 bis 50 Minuten nachdicken lassen.

Vor dem Schneiden der Gallerte mit einem scharfen Messer die Schnittprobe machen. Wenn die dabei austretende Molke klar ist, hat die Gallerte die richtige Konsistenz und wird vorerst in kleine Würfel (ca. 2 cm Kantenlänge) geschnitten. Kurz stehen lassen und auf Erbsenkorngröße zerkleinern. Den geschnittenen Käsebruch ca. 15 Minuten nachdicken lassen.

Nun wird Wasser (bis zu einem Drittel der Molkemenge) zugesetzt. Der Bruch muss nun noch ca. 10 bis 30 Minuten auskäsen.

Vor dem Abgießen der Molke wird die Masse nochmals auf 30 bis 40 °C nachgewärmt.

Nachfolgend den entstandenen Käsebruch in die vorbereiteten Käseformen füllen. Die Formen nach dem Befüllen sofort wenden und beschweren, damit die Molke vollständig austreten kann. Die Formen mit dem Käse 6 bis 8 Mal wenden, um eine gleichmäßige Entmolkung und schöne, glatte Oberfläche zu erzielen.

Für das Entmolken und Durchsäuern sind bei guter Raumtemperatur 16 bis 20 Stunden zu rechnen.

Anschließend wird der Käse wie folgt gesalzen:

Der Käse kann nach dem Entmolken mit Grobsalz eingerieben oder in eine Salzlösung (Wasser mit 10 bis 20 % Salz) eingelegt werden.

Die Dauer ist je nach Stückgröße, Festigkeit und gewünschtem Salzgehalt unterschiedlich. Die Temperatur der Salzlösung soll ca. 10 bis 20 °C betragen.

Nach dem Salzbad den Käse an der Oberfläche abtrocknen lassen und je nach Wunsch weiterbehandeln.

TIPP: Durch das Nachwärmen des Bruches und den Zusatz von Wasser erreicht man einen kompakten und geschmeidigen Käseteig.
Das Auspressen des Bruches bewirkt eine gleichmäßige Lochung.

Hartkäse

Vollmilch, Calciumchlorid (bei pasteurisierter Milch), gefriergetrocknete Kulturen (Säurewecker) nach Anleitung, Flüssiglab, Salzbad

Die Milch in einem Käsefertiger oder großen Edelstahlkochtopf auf 36 bis 38 °C erhitzen. Anschließend die Buttermilchkulturen (ca. 1 bis 2 %) genau nach Anleitung hinzufügen und die Milch bei gleich bleibender Temperatur von 32 °C 20 bis 30 Minuten gerinnen lassen. Nach dieser Inkubationszeit wird der Milch Lab (3 Tropfen pro Liter Milch) zugefügt. Das Flüssiglab mit Wasser verdünnen und in die gesäuerte Milch einrühren. Die Milch dann sofort „stilllegen“ und ca. 40 bis 50 Minuten nachdicken lassen.

Vor dem Schneiden der Gallerte mit einem scharfen Messer die Schnittprobe machen. Wenn die dabei austretende Molke klar ist, hat die Gallerte die richtige Konsistenz und wird vorerst in kleine Würfel (ca. 2 cm Kantenlänge) geschnitten. Der Bruch für Hartkäse wird mit der Käseharfe auf Weizenkorngröße gebracht. Den geschnittenen Käsebruch ca. 15 Minuten nachdicken lassen. Nun wird Wasser (bis zu einem Drittel der Molkemenge) zugesetzt. Der Bruch muss nun noch ca. 10 bis 30 Minuten auskäsen.

Vor dem Abgießen der Molke wird die Masse nochmals auf 30 bis 40 °C nachgewärmt. Nachfolgend den entstandenen Käsebruch in die vorbereiteten Käseformen füllen. Die Formen nach dem Befüllen sofort wenden und zum Pressen beschweren oder eine eigene Käsepresse dafür verwenden, damit die Molke vollständig austreten kann. Die Formen mit dem Käse 6 bis 8 Mal wenden, um eine gleichmäßige Entmolkung und eine schöne, glatte Oberfläche zu erzielen. Für das Entmolken und Durchsäuern sind bei guter Raumtemperatur 16 bis 20 Stunden zu rechnen.

Anschließend wird der Käse wie folgt gesalzen:

Die Form wird in ein Salzbad gelegt, in dem sich der Käse verfestigt und die Rindenbildung gefördert wird. Dadurch wird die Haltbarkeit erhöht und der Geschmack verbessert.

Nach diesem Bad wird der Käse zur Reifung kühl gelagert, wobei er immer wieder gewendet, abgerieben und gebürstet wird. Das Salz entzieht der äußeren Schicht die Feuchtigkeit.

Hartkäse, der keine Rinde bekommen soll, wird einfoliert oder nach dem Reifen gewachst.

Käse, der eine feste und trockene Rinde haben soll, wird mehrfach mit Salzlösung abgerieben.

Käse, der eine weiche Rinde haben soll, wird geschmiert, d. h. mit einer Flüssigkeit, die Rotschmierekulturen enthält, besprüht.

Glundner Käse

(gelundener Käse – Kärnten, Kochkäse
bzw. Murtaler Steirerkäse – Steiermark)

**1 kg Topfen, 10 g Salz, 1 EL Kümmel,
100 g Butter oder Butterschmalz**

Aus angesäuerter Milch einen trockenen Topfen herstellen. Diesen in eine flache Schüssel (aus Holz, Keramik, Kunststoff) geben und mit einem gut waschbaren Tuch abdecken.

Bei Zimmertemperatur zwei bis drei Tage stehen lassen, bis der Topfen glasig wird und stechend riecht.

Den Topfen täglich auflockern.

Wenn er reif genug ist, salzen, mit Kümmel würzen und in heißer Butter oder Butterschmalz schmelzen, wobei während dieses Vorganges laufend umgerührt werden muss.

Die Käsemasse ist fertig gekocht, wenn eine zusammenhängende, fließende Masse entsteht.

In eine mit Wasser ausgespülte Schüssel gießen und kühl stellen, bis der Käse steif ist. Vor dem Eingießen in die Schüssel kann noch eine Hand voll bröseliger Topfen unter die zähe Käsemasse gerührt werden.

Trinkfruchtmolke – kühle Köstlichkeit

5 l Molke (Nebenprodukt bei der Käseherstellung), Milchsäure, Früchte passiert oder Fruchtsaft, Zucker

Den pH-Wert der Molke mit Milchsäure auf ca. 3,8 einstellen.

Nach Geschmack passierte Früchte und Zucker in die Molke einrühren.

Das Molkegetränk auf 85 °C erhitzen, dann sofort heiß in Flaschen abfüllen und abkühlen.

Gekühlt lagern bis sie weiter verwendet wird.

Ennstaler „Steirerkäse“

Milch, Salz, Pfeffer

Vollmilch wird entrahmt und die verbleibende Magermilch stehen gelassen, bis sie „dicksauer“ wird. Diese Sauermilch wird kurz erwärmt (aufgebäht), bis der Topfen aufsteigt und sich von der Molke trennt.

Dann wird die Molke abgezogen und der Topfen nochmals aufgekocht. Die „Käsewiege“ wird mit Käseleinen ausgelegt, der heiße Topfen hineingeschüttet und mit kaltem Wasser abgeschreckt, bis er nur noch handwarm ist. Danach gut durchdrücken – mit Salz und Pfeffer verbröseln und in eine Form (kleiner Kübel mit Löchern im Boden) pressen.

Über Nacht gut einschweren und am nächsten Tag herausstürzen.

Den Kasstock warm stellen, (am besten eignet sich der Platz über der offenen Feuerstelle in der Rauchkuchl), bis er Sprünge zeigt, danach in den Reifekeller stellen und täglich wenden – ca. 4 bis 6 Wochen lang – bis er schön reif ist und eine graubraune Farbe bekommt. Der Geschmack ist deftig-würzig.

Der typische „Ennstaler Steirerkäse“ wird vor allem auf den Almen erzeugt. Neben der gut schmeckenden „Almbutter“ erfreut sich dieser deftige Käse besonderer Beliebtheit. Diese markante Käsespezialität wird auf ein Butterbrot gebröselt gegessen, in den typischen „Ennstaler Steirerkrapfen“ eingewickelt verzehrt, oder auf angeröstete Nockerln gestreut, die mit Krautsalat serviert werden und als „Kasnockerln“ – eine besondere Ennstaler Spezialität – auf keiner Speisekarte fehlen sollten.

Graukas aus Tirol

Magermilch

Magermilch zur Säuerung an einen warmen Platz stellen. Diese Milch stockt in 1 bis 3 Tagen und ist dann sehr gut sauer. Diese in einen Topf geben und langsam auf 50 °C erwärmen. Dadurch setzt sich der Topfen ab und soll an der Oberfläche schwimmen. Mit einem Schöpflöffel öfters wenden.

In ein Käsetuch abfüllen und die restliche Molke ca. 1/2 Tag abrinnen lassen. Den trockenen Bröseltopfen in eine große Porzellanschüssel geben, mit Salz, Pfeffer und Kümmel würzen.

Mit einem Tuch abdecken und etwa 4 Tage in Ofennähe reifen lassen, wobei die Masse täglich einmal durchgemischt wird. Wird der Graukas schmierig und glasig, in eine Form drücken und danach stürzen.

Abgfaulter Kas

250 g Topfen, 1 TL Salz, 1 EL Kümmel, 100 g Butter, 125 ml Milch

Den trockenen Topfen mit Salz und dem Kümmel gut in einem kleinen emaillierten Topf durchmischen und zugedeckt an einen warmen Ort stellen. Dort wird er täglich mit Wasser bespritzt. Nach ca. einer Woche ist der Käse abgefault und wird dann mit Butter und Milch aufgekocht, in ein Gefäß geleert und kalt gestellt. Der Käse schmeckt sehr gut auf einem Butterbrot.

Räucherkäse

Sauermilchtopfen

Sauermilchtopfen wird zu Kugeln geformt und auf einem Brett oberhalb einer Selch oder sonstigen offenen Feuerstelle zum Trocknen bzw. Reifen aufgelegt. Wenn die Kugeln eine schöne, goldbraune Farbe haben werden sie von der Ablage genommen und im kühlen Keller zum Weiterreifen bis zur weiteren Verwendung aufbewahrt. Fertiger Räucherkäse wird gerieben oder zerbröselt für Speisen wie Kasnockerln, Suppen oder auf einem Butterbrot gerne gegessen.

Kasmachert

25 l Milch, 1/2 l Buttermilch, Salz, Kümmel

Milch leicht sauer werden lassen (bis sie einen „Stich" hat), mit einem 1/2 l Buttermilch aufkochen, leicht wallend weiterkochen, bis der Topfen zu Boden sinkt, in ein feines Tuch abseihen.

Dieses hängen lassen, bis alle Molke abgetropft ist.

Topfen danach fest auspressen, fein aufbröseln, salzen und in der Küche „braten" (d.h. bei ca. 30 °C stehen lassen).

Den Topfen alle Tage fest durchkneten.

Nach 6 bis 7 Wochen ist das Kasmachert fertig.

Diese bindige Masse mit Salz und Kümmel würzen und daraus Knödel formen.

Anschließend den Käse leicht räuchern.

Dieser Käse passt hervorragend auf ein Butterbrot oder kann auch für die Kassupp'n verwendet werden.

Speisen auf der Alm

Grundlagen der Almspeisen

Die Grundlage für die Almspeisen waren Nahrungsmittel, die wie oben beschrieben vom Heimhof mitgebracht wurden und Produkte, welche auf der Alm selbst erzeugt bzw. gesammelt wurden. Dies war je nach Vegetationszeit unterschiedlich.

Im Laufe des Almsommers gab es dennoch eine große Vielfalt an Pflanzen und Früchten, welche die Natur hervorbringt. So war nach den ersten kargen Wochon mit einer guten abwechslungsreichen Kost zu rechnen, welche heute durch den viel einfacheren Transport zur Alm von Beginn an gegeben ist.

Für besondere Besucher z.B. heimliche Liebhaber, Holzknechte, Jäger oder Bauern wurden aufwändigere Köstlichkeiten hergestellt und zum sofortigen Verzehr serviert. Dies waren Fleischgerichte, besondere Käsevariationen wie z.B. der Schichtkäse und in Fett gebackene Speisen wie z.B. die Neunhäutelnudel. Der Gast wusste dadurch sofort, inwieweit er auf dieser Alm bei der Sennerin willkommen war.

Grundsätzlich war das Speisenangebot auf Grund der vorhandenen Lebensmittel eher einfach und dürftig, aber doch sehr nahrhaft.

Durch die ständige Weiterentwicklung in der Bewirtschaftung der Almen hat sich auch das Speisenangebot zum Vorteil für die Gäste erweitert. Das Aufgabengebiet der Sennerin ist dadurch jedoch viel umfangreicher geworden und das gewohnte Almleben, in dem traditionell die Versorgung des Viehs die Hauptaufgabe war, hat sich auch in dieser Hinsicht verändert.

Suppen

Einfache Suppe

für 4 Portionen
3 EL Schweinefett, 1 l Wasser, Salz, 120 g altbackenes Brot, Frische Garten- und Wildkräuter

Das Schweinefett heiß werden lassen, mit Wasser aufgießen, salzen und mit frischen Kräutern abschmecken.

Altbackenes Brot feinblättrig schneiden und mit der Suppe übergießen und servieren.

TIPP: Je nach Art der Kräuter kann diese sehr einfache Suppe jedes Mal anders schmecken.

Stosuppe (Sauerrahmsuppe)

für 4 Portionen
1/2 l Buttermilch, 40 g Weizenmehl, 1/2 l Wasser, Salz, 1 TL Kümmel, 1/8 l Sauerrahm

Buttermilch mit dem Mehl versprudeln.

Dieses Gemisch in das siedende, gesalzene mit Kümmel gewürzte Wasser einrühren und aufkochen lassen.

Vor dem Anrichten den mit etwas Wasser gut verrührten Sauerrahm beifügen.

TIPP: Diese Suppe schmeckt besonders gut, wenn sie mit wildem Schnittlauch bestreut wird.

Saure Almsuppe

für 4 Portionen

1/2 l Sauerrahm, 1/2 l Buttermilch, 1 TL Kümmel, 2 Knoblauchzehen, Salz, 100 g Roggenbrot

Sauerrahm, Buttermilch, Kümmel und Salz werden vorerst verrührt und dann langsam zum Kochen gebracht.

Die Suppe soll nur kurz aufkochen. Anschließend soll sie bei geringer Hitze eine halbe Stunde köcheln. Das etwas längere Kochen dient der Geschmacksverstärkung.

Das Roggenbrot in kleine Stücke teilen, in die Suppe geben und die letzten 5 Minuten mitkochen lassen.

Dieses Brot verleiht der Suppe einen feinherben Geschmack und macht sie sämig.

TIPP: Anstelle von Sauerrahm kann zur Abwechslung auch nur Buttermilch verwendet werden. So wird der Fettgehalt der Speise reduziert.

Schottsuppe aus dem oberen Ennstal

für 4–6 Portionen

1 l Wasser, 150 g Schotten, 1/8 l Sauerrahm, Salz, Kümmel, 1 KL Mehl, 2 Scheiben Schwarzbrot, 1 EL Butterschmalz

Wasser salzen und etwas Kümmel dazugeben. Dies mit dem Mehl versprudeln, den Schotten einrühren und aufkochen.

Nach dem Aufkochen 15 bis 20 Minuten leicht weiter köcheln lassen.

Sauerrahm gut versprudeln und vor dem Servieren in die heiße Schottsuppe einrühren. Nun darf die Suppe nicht mehr aufkochen, da sie sonst ausflockt.

Mit in Butterschmalz gerösteten Schwarzbrotwürfeln servieren.

TIPP: Die kalte Schottsuppe ist an heißen Tagen eine hervorragende kalorienarme Erfrischung.

Schottsuppe aus Tirol

für 4 Portionen

30 g Butter, 40 g Weizenmehl, 3/4 l Milch, 3/4 l Wasser, 100 g Schotten, 1/8 l Rahm, 1/2 kg Kartoffeln, Schwarzbrot, Salz, Schnittlauch

Butter erhitzen und Mehl darin anschwitzen, mit Milch und Wasser aufgießen.

Den geriebenen Schotten einbröseln, mit Salz würzen und etwas kochen lassen.

Die Kartoffeln kochen, schälen und blättrig geschnitten in die Suppe geben.

Mit Süßrahm verfeinern und mit Schnittlauch und Schwarzbrot-Stangerln servieren.

Rahmsuppe

für 4 Portionen

1/4 l Sauerrahm, 1/4 l Wasser, 1 EL Mehl, Kümmel, Wasser, Salz, 200 g einige Tage altes Schwarzbrot, 1 EL Butterschmalz zum Rösten

Wasser mit Kümmel und Salz aufkochen.

Sauerrahm mit Mehl versprudeln und nach 15 Minuten in die Suppe geben.

Gut verrühren und nur noch einmal kurz aufkochen lassen.

Schwarzbrot blättrig schneiden, in Butterschmalz rösten und in eine Schüssel geben. Suppe über das geröstete Brot gießen und sofort servieren.

TIPP: Auch klein geschnittene Erdäpfel schmecken in dieser Suppe sehr gut. Durch die Erdäpfelstärke wird es eine fein gebundene, sämige Suppe. Dies ist auch eine typische Suppe für Fasttage und auch wohltuend nach einer durchzechten Nacht.

Kassuppe

(„Ziacht den Putz aus und mocht an großen Lotta draus."
Alter Spruch zu dieser Suppe)

für 4 Portionen

1 l Wasser, Kümmel, Salz, Kasmachert, 1/16 l Milch, Mehlfarferl

Wasser, Kümmel und Salz gemeinsam aufkochen. Kasmachert zerkleinern und in die Suppe geben. Gut umrühren und Kasmachert in der Suppe auflösen. Anschließend mit Milch verfeinern.

Als Suppeneinlage Mehlfarferln einrühren.

TIPP: Diese Suppe schmeckt auch mit Nudeln (Hörnchen), anstatt mit Farferln, sehr gut.

Graukassuppe

für 4 Portionen

200 g Graukäse, 80 g Zwiebel, 1 Knoblauchzehe, 20 g Butter, 1/8 l Weißwein, 1/8 l geschlagener Rahm, 3/4 l Fleischsuppe, 1 Scheibe geröstetes Schwarzbrot, Salz, Pfeffer, Schnittlauch

Zwiebel schälen, fein hacken und mit Knoblauch kurz in etwas Butter anschwitzen. Den in Würfel geschnittenen Graukäse kurz mitrösten und anschließend mit Suppe und Wein ablöschen.

Die Suppe kurz aufkochen, bis sich der Käse auflöst und die Suppe cremig ist.

Mit Salz und Pfeffer abschmecken.

Die Suppe vom Feuer nehmen, geschlagenen Rahm einrühren und mit dem gerösteten Schwarzbrot und Schnittlauch anrösten.

Farferlsuppe

für 4 Portionen

1 Ei, Milch oder Wasser, Salz, 100 g Weizenmehl, 1 l Rindsuppe

Ei, Mehl, Salz, Milch (oder Wasser) miteinander vermischen und abbröseln.

Es entsteht daraus kein bindiger Teig.

Diese Farferln in die heiße Suppe einkochen, kurz ziehen lassen und servieren.

TIPP: Farferln in heiße gesalzene Milch eingekocht und dazu gekochte, geschälte Erdäpfel ergibt ein schmackhaftes Abendessen.

Einbrennsuppe

für 4 Portionen

3 EL Weizenbrotmehl, 2 EL Schweinefett, 1 Zwiebel, 1 TL Kümmel, Petersilie, Salz, 1 l Wasser

Aus Mehl und Fett eine helle Einbrenn bereiten.

Zwiebel fein hacken und in der Einbrenn anlaufen lassen. Mit Wasser aufgießen und verkochen lassen. Mit Salz und Pfeffer würzen, Kümmel dazugeben. Vor dem Servieren mit fein gehackter Petersilie bestreuen.

TIPP: Suppen mit Einbrenn besser mit kalter Suppe oder etwas kaltem Wasser aufgießen, damit keine Mehlklumpen entstehen.

Feine Einbrennsuppe

für 4 Portionen

80 g Butter, 160 g Weizenmehl glatt, 1 Zwiebel, 1 l Wasser, Salz, Kümmel, Schnittlauch

Die Zwiebel schälen und fein hacken. In einem Topf die Butter erhitzen und das Mehl unter ständigem Rühren hinzufügen.

Das Mehl zu heller Farbe bräunen. Die fein gehackte Zwiebel dazumischen und mit dem Mehl goldgelb rösten. Mit kaltem Wasser aufgießen und mit Salz und Kümmel würzen. Die Suppe eine halbe Stunde köcheln lassen. Mit Schnittlauch bestreut servieren.

TIPP: Mit Einbrennsuppen wird auch gerne der Magen eingerichtet.

Gerstensuppe oder „Gerstbrein"

für 4 Portionen

50 g Speck, 60 g Rollgerste, 50 g Bohnen, 100 g Wurzelwerk, 3 Kartoffeln, 150 g Selchfleisch, 1 1/2 l Wasser, Salz, Liebstöckel, Schnittlauch, Süßrahm nach Belieben

Fein gewürfelten Speck am Herd im Kochtopf glasig werden lassen.

Mit dem feinwürfelig geschnittenen Wurzelwerk gut anschwitzen und Gerste und Bohnen zufügen.

Mit Wasser aufgießen, mit den würfelig geschnittenen Kartoffeln, den Gewürzen und dem Selchfleisch die Suppe so lange kochen, bis die Rollgerste und die Bohnen weich sind.

Dann das Selchfleisch herausnehmen und klein geschnitten wieder beigeben.

Mit Süßrahm verfeinern und mit Schnittlauch servieren.

TIPP: Dies ist eine sehr kräftige Suppe, welche mit etwas weniger Flüssigkeit auch als Eintopfgericht zubereitet werden könnte.

Gößler Almsuppe

für 4 Portionen

1/2 l Sauerrahm, 1/2 l Milch, 2 TL Kümmel, Salz, 200 g altes Roggenbrot

Sauerrahm, Milch, Kümmel und Salz werden verrührt und dann langsam zum Kochen gebracht. Die Suppe soll nur kurz aufkochen und soll bei geringer Hitze eine halbe Stunde köcheln. So entfaltet sich der gute Rahm-Kümmelgeschmack und die Suppe wird sämig.

Das alte Roggenbrot als Brocken in einen Suppenteller schneiden oder brechen und mit der heißen Suppe übergießen.

TIPP: Für die Brotbrocken kann auch älteres Bauernbrot gut verwendet werden.

Brennsuppe

für 4 Portionen

30 g Butter, 80 g Weizenmehl, 1 l Wasser, 2–3 Kartoffeln, Schwarzbrot, Kümmel, Lorbeerblatt, Salz, 1 Ei nach Belieben

Aus Butter und Weizenmehl eine nicht zu dunkle Einbrenn machen. Anschließend mit kaltem Wasser aufgießen. Die kleinwürfelig geschnittenen, gekochten Kartoffeln dazugeben. Mit Kümmel, Lorbeerblatt und Salz würzen und aufkochen. Einige Minuten leicht kochen lassen.

Schwarzbrot in kleine Stücke schneiden und die Suppe über das Brot gießen.

TIPP: Nach Geschmack kann diese Brennsuppe zusätzlich mit einem Ei legiert werden.

Eierschwammerlsuppe

für 4–6 Portionen

500 g Eierschwammerln, 1 Zwiebel, 2 EL Butterschmalz, 1 l Suppe oder Wasser, Salz, Pfeffer, 250 ml Sauerrahm, Petersilie

Zwiebel fein hacken und in heißem Butterschmalz anlaufen lassen.

Die sauber geputzten, gewaschenen und wenn nötig zerkleinerten Schwammerln dazugeben und etwas dünsten.

Mit Suppe oder Wasser aufgießen, salzen und pfeffern und garen bis die Schwammerln noch etwas bissfest sind.

Sauerrahm versprudeln und in die Suppe einrühren. Mit gehackter Petersilie bestreuen und servieren.

TIPP: Noch schmackhafter wird diese Suppe, wenn die Schwammerln mit dem Zwiebel gut angeröstet werden.

Pilzsuppe

für 4 Portionen

250–400 g Pilze, Salz, Pfeffer, Thymian, 30 g Butter, 30 g Mehl, 1 l Suppe, Petersilie

Die Pilze putzen, wenn nötig waschen und hacken. Die gehackten Pilze in etwas Wasser mit den Gewürzen 5 Minuten dünsten.

Aus Butter und Mehl eine helle Einbrenn bereiten, mit Suppe aufgießen und die gedünsteten Pilze dazugeben.

Aufkochen lassen und vor dem Servieren mit gehackter Petersilie bestreuen.

TIPP: Diese Suppe mit Rahm oder Eidottern verbessern, oder mit klein gewürfelten Erdäpfeln strecken.

Schwammsuppn

für 4–6 Portionen

500 g gemischte Schwammerln (Eierschwammerln, Pilze, Täublinge usw.), 1 Zwiebel, 200 g Kartoffel, 2 EL Butterschmalz, 1 l Suppe oder Wasser, Salz, Pfeffer, 250 ml Sauerrahm, 1 TL Weizenmehl, Petersilie

Zwiebel fein hacken und in heißem Butterschmalz anlaufen lassen. Die Schwammerln dazugeben und etwas dünsten.

Die Kartoffel schälen und kleinwürfelig schneiden und zu den gedünsteten Schwammerln geben.

Mit Suppe oder Wasser aufgießen, salzen und pfeffern und garen bis die Schwammerln noch etwas bissfest sind.

Sauerrahm mit Weizenmehl versprudeln und in die Suppe einrühren. Mit gehackter Petersilie bestreuen und servieren.

TIPP: Etwas trockenes Schwarz- oder Hausbrot in feine Scheiben schneiden und in heißer Butter anrösten. Diese dann zur Suppe reichen – eine bekömmliche Erweiterung der Schwammsuppe.

Gamssuppe

für 4 Portionen (Hauptspeise)
bzw. 8 Portionen (Vorspeise)

1000 g Gamsknochen und Gamsfleisch, ca. 2 l Wasser, 100 g Selchspeck, 3 EL Öl, 150 g Wurzelwerk, 1 mittlere Zwiebel, 1 Knoblauchzehe, Pfefferkörner, Wacholderkörner, Lorbeerblatt, Liebstöckl, Salz, Schwarzbrotscheiben, Schnittlauch

Wurzelwerk sauber reinigen und kleinwürfelig schneiden.

Die Zwiebel schälen und ebenso feinwürfelig schneiden.

Das Öl in einem Topf erhitzen und das Wurzelwerk und die Zwiebel darin kurz anbraten.

Die gehackten Knochen und das kleinwürfelig geschnittene Fleisch hinzufügen und kurz durchrösten.

Mit Wasser aufgießen und die geschälte Knoblauchzehe und die Gewürze hinzufügen.

Bei geringer Hitze ca. 1 Stunde köcheln lassen.

Vor dem Anrichten mit Salz und Pfeffer abschmecken.

Die Gewürzkörner und die Knochen entfernen.

Mit dem Gemüse und dem Fleisch auf gut vorgewärmten Tellern anrichten.

Die Teller für den Verzehr dieser einfachen klaren Suppe unbedingt vorwärmen, damit die Gamssuppe wirklich heiß gegessen werden kann.

Mit wenig fein geschnittenem Schnittlauch bestreuen und mit selbst gemachtem Brot genießen.

TIPP: Die Suppe mundet hervorragend, wenn statt dem Brot kleine Markknödel dazu gereicht werden.

Milchfarferln

für 4 Portionen

100 g Weizenmehl, 1 Ei, eine Prise Salz, 1 l Milch, 50 g Butter

Mehl in einen Suppenteller geben, leicht salzen und das Ei mit einer Gabel leicht untermischen, bis kleine Farferln entstehen.

Diese in die heiße Milch einkochen, kurz aufkochen lassen und mit brauner Butter zu Tisch bringen.

TIPP: Die Farferln in Wasser gekocht sind eine gute Suppeneinlage für eine klare Fleischsuppe.

Fleischspeisen

Fleischkrapfen

für 12 Portionen
500 g Roggenmehl, 500 g Weizenmehl, 3 EL Öl, Salz, 1/2 l kochende Milch
Fülle: 500 g Fleisch- und Wurstreste, 500 g Erdäpfel, 2 Knoblauchzehen, 1 Zwiebel, Petersilie nach Geschmack, Backfett

Die kochende Milch mit den Mehlen, dem Öl und dem Salz zu einem mittelfesten Teig verarbeiten.

Für die Fülle gekochte, geräucherte Fleisch- und Wurstreste durch den Fleischwolf lassen (grob).

Die gekochten Erdäpfel fein blättrig schneiden. Knoblauch, die leicht angeröstete Zwiebel und die gehackte Petersilie mit den Erdäpfeln vermengen und mit der Fleischmasse gut verrühren.

Teig auswalken, in Quadtrate mit 12 cm Seitenlänge schneiden, mit der Fülle belegen, zu Rechtecken zusammenschlagen und die Ränder festdrücken. In heißem Fett schwimmend herausbacken.

TIPP: Eine köstliche Speise mit gedünstetem Kraut oder Sauerkraut

Roggene Fleischkrapfen

für 6 Portionen
500 g Roggenmehl, 1/2 l Magermilch oder Buttermilch oder Wasser, Salz, 500 g Selchfleisch oder Schweinsbraten, Schmalz zum Backen

Mehl salzen und mit Flüssigkeit zu einem festen Teig kneten. Diesen eine halbe Stunde rasten lassen.

Danach zu einer Rolle (ca. 6 cm Durchmesser) formen und ca. 4 cm dicke Scheiben abscheiden.

Diese auf einem bemehlten Brett messerrückendick ausrollen und mit gekochtem geschnittenem Selchfleisch füllen.

Teigenden zusammenfalten und gut festdrücken. Im heißen Schmalz schwimmend herausbacken. Heiß mit Krautsalat oder Sauerkraut genießen.

TIPP: Für diese Krapfenfülle können auch Fleisch- und Wurstanschnitte gut verwertet werden.

Fleischkrapfen aus Germteig

für 6 Portionen

500 g Weizenmehl, 150 g Butter, 1 EL Schmalz, 4 Dotter, ca. 1/2 l Milch, 60 g Germ, Salz, 500 g gekochtes Geselchtes (faschiert), Öl zum Backen

Mehl in eine Schüssel geben, Germ hineinbröseln und mit etwas warmer Milch in einem Grübchen ein Dampfl ansetzen. Nach dem Aufgehen die restlichen Teigzutaten zufügen und daraus einen mittelfesten Germteig bereiten.

Diesen an einem warmen Ort bis zum doppelten Volumen gehen lassen.

Danach mit einem Löffel Krapfen ausstechen, ein wenig auseinander ziehen, in die Mitte die angewärmte faschierte Fülle geben, übereinander klappen, die Enden gut festdrücken und nochmals gehen lassen.

Die Krapfen werden mit der Oberseite zuerst ins Fett gegeben und gebacken.

TIPP: Die Krapfen sollten eine längliche Form haben. Sie schmecken in Kombination mit Sauerkraut oder Süßkraut einfach köstlich.

Gebratene Rippelen mit Bauernkraut

für 4 Portionen
1 kg Schweinsrippen, Salz, Kümmel, Rosmarin, Wasser, 1 kg Kartoffeln
Bauernkraut: 1 kg Weißkraut, 150 g Speck, 300 g Zwiebel, etwas Zucker, Mehl, Wein, Salz, Kümmel, Pfeffer, Knoblauch, Lorbeer

Die Rippelen mit Salz, Kümmel und Rosmarin einreiben und in einer Bratenrein im Rohr bei 180 °C langsam braten lassen.

Dabei immer etwas Wasser aufgießen.

Die rohen Kartoffeln schälen und vierteln und auf den Rippelen verteilen und mitbraten, bis sie gar sind. So werden diese besonders schmackhaft.

Für das Bauernkraut Zucker in Fett bräunen, die fein gehackte Zwiebel, das nudelig geschnittene Kraut und die Gewürze dazu geben und halb weich dünsten. Mit Mehl stauben, aufgießen und fertig garen lassen.

Gemeinsam mit den Rippelen und den gebratenen Kartoffeln nett anrichten.

Rehleber

für 4 Portionen
500 g Rehleber, 100 g Butterschmalz, 250 g Zwiebel (ca. 2 Stück), Salz nach Bedarf

Die Rehleber gut in fließendem kalten Wasser reinigen und dann mit einem scharfen Messer feinblättrig schneiden. Die Zwiebel schälen und in Ringe schneiden. Butterschmalz in einer Pfanne erhitzen und die fein geschnittene Zwiebel darin rösten bis sie eine goldgelbe Farbe hat.

Die blättrig geschnittene Leber dazugeben und gut durchrösten.

Die fertig geröstete Leber auf vorgewärmten Tellern anrichten und erst bei Tisch salzen.

Als Beilage Schwarzbrot oder einfache Knödel servieren.

TIPP: Zwiebel zuerst rösten, dann herausnehmen und die Leber extra im Zwiebelfett rösten. Leber in eine warme Schüssel geben, geröstete Zwiebel darüber verteilen und zu Tisch bringen. Gesalzen wird erst vor dem Essen, damit die Leber nicht hart wird.

Hirschbraten mit Rahmsauce

für 4 Portionen

900 g Hirschrücken oder Hirschschlegel, 150 g Rückenspeck, 50 g Schweinefett oder Butterschmalz, Salz, Pfeffer, 125 ml Süßrahm, 125 ml Rotwein, 2 EL Preiselbeeren

Hirschrücken (oder Schlegel) gut abliegen lassen. Das Fleisch mit einem scharfen Messer von allen Sehnen und Häuten befreien. Den Speck stiftelig schneiden und das Fleisch damit spicken. Anschließend mit Salz und Pfeffer würzen. Fett in eine Rein geben und erhitzen. Den gespickten Braten darin rundherum anbraten und mit etwas Suppe aufgießen.

Bei ca. 160 °C ca. 100 bis 120 Minuten im Rohr braten. Etwas Saft aus der Rein nehmen und diesen mit süßem Rahm, Rotwein und Preiselbeeren gut vermischen. Mit Salz und Pfeffer fertig abschmecken.

Als Beilage Semmelknödel und Rotkraut reichen.

TIPP: Fleisch von Gämse oder Reh eignet sich ebenfalls für die Herstellung dieses Bratens, wobei sich bei Verwendung von Rehfleisch die Garzeit um 20 Minuten verkürzt.

Hirschragout

für 4 Portionen

500 g Hirschschulter, 60 g Fett, 300 g Wurzelwerk, 1 Zwiebel, Salz, Pfefferkörner, Gewürzkörner, Wacholderbeeren, Lorbeerblatt, Knoblauchzehe, Thymian, Muskatnuss, 20 g Mehl, ein Schuss Rotwein, 2 EL saurer Rahm, Saft einer Zitrone, 2 EL Preiselbeeren

Das Fleisch im Ganzen mit Salz, Lorbeerblatt, Thymian, Pfeffer, Knoblauchzehe, Gewürzkörnern und Wacholderbeeren in heißem Wasser zustellen und ca. 45 Minuten leicht wallend zugedeckt kochen. Nach dieser Zeit den Topf zur Seite stellen und das Fleisch auf einen Teller zum Auskühlen legen. Wenn das Fleisch ausgekühlt ist, dieses auf einem Brett in kleine Würfel schneiden. Die Zwiebel schälen, fein hacken und im inzwischen erhitzten Fett goldgelb rösten. Das Wurzelwerk putzen und fein reiben. Dieses zum gerösteten Zwiebel geben und ein wenig mitrösten. Das klein geschnittene Flelsch beigeben, mit dem Kochsud aufgießen und zugedeckt im Rohr bei 160 °C ca. 45 Minuten weich dünsten. Nach der Garzeit das Ragout mit Mehl stauben. Sauren Rahm, Rotwein, geriebene Muskatnuss, Preiselbeeren und etwas Zitronensaft miteinander gut verrühren und in das fertige Ragout untermischen.

TIPP: Fleisch zum Kochen immer in kochendes Wasser einlegen, damit sich die Poren rasch schließen und so der Fleischsaft im Fleisch bleibt.

Gamsbraten

für 4 Portionen

900 g Schlegel von der Gams, 1 Schweinsnetz, Salz, Pfeffer, 20 dag Wurzelwerk (Karotten, Petersilie Sellerie, Lauch), 1 Zwiebel, 100 g Schweinefett, Lorbeerblatt, Wacholderkörner, 1/2 l Suppe (Rindsuppe oder Wildfond)

Fleisch von allen Sehnen und Häuten befreien und mit Salz und Pfeffer würzen. Das vorbereitete Schweinsnetz auf der Arbeitsfläche aufbreiten bzw. auflegen und das Fleisch darin einwickeln. Das Wurzelwerk waschen und in zwei cm dicke Stükke scheiden. Die Zwiebel schälen und grob hacken. In einer Bratenrein das Fett heiß werden lassen und das Gemüse und die Zwiebel darin goldgelb anbraten. Nun den eingewickelten Gamsbraten darin rundum kurz anbraten.

Das Backrohr auf ca. 160 °C vorheizen. Den vorbereiteten Braten in einer Bratenrein mit Deckel bei 160 °C ca. 90 bis 120 Minuten garen. Kurz vor Garzeitende den Deckel herunternehmen und das Wurzelwerk und die Zwiebel fein pürieren. Bei Bedarf mit etwas Suppe aufgießen und kurz erhitzen. Den Braten in 1 cm dicke Scheiben schneiden und auf einer vorgewärmten Platte anrichten.

Als Beilagen für diesen feinen Braten eignen sich besonders Preiselbeeren in Rotwein, Rotkraut und Nockerl, oder Semmelknödel.

TIPP: Für einen besonders kalorienarmen Genuss wird empfohlen, das Schweinsnetz vor dem Aufschneiden zu entfernen.

Pikante Hauptspeisen

Roggenknödel

für 4 Portionen

250 g Roggenmehl, 50 g würfelig geschnittenen Speck (Selchspeck), 1 Stück Schwarzbrot oder Mischbrot, 1 Ei, Fett

Das Roggenmehl wird in einer Pfanne am Herd solange gerührt, bis es heiß ist.

Brot in kleine Würfel schneiden und in Fett rösten.

Der würfelig geschnittene Speck wird ausgelassen, das Mehl, die Brotwürfel und das Ei werden dazugegeben und vermengt.

Diese Masse wird mit siedendem Salzwasser übergossen und zu einem Knödelteig verrührt. Daraus kleine Knödel formen und in Salzwasser ziehen lassen.

Wenn die Knödel zur Oberfläche steigen, sind sie gekocht. Nun werden sie in heißem Fett geröstet.

Diese Knödel sind eine kräftige Holzhackerspeise.

TIPP: Warmer Krautsalat ist eine gut passende Beilage.

Speckfarferln

für 4 Portionen

250 g Mehl, 1 Ei, Wasser, 200 g Selchfleisch, 3/4 l Suppe

Mehl in eine Schüssel geben und salzen. Ei mit Wasser versprudeln, langsam in das Mehl einlaufen lassen, und mit einer Gabel zu kleinen Bröckerln – Farferln – verrühren.

Die Farferln in die kochende Suppe einkochen. Inzwischen Speck würfelig schneiden, anrösten und in die Farferlnsuppe geben, einige Eier versprudeln, einfließen lassen und kurz mitkochen. Meist werden dazu gekochte Erdäpfel gegessen.

Bratröhrlschmankerl

(benannt nach einem Weg von der Alm ins Tal)

für 2 Portionen

6 kleinere Kartoffeln, 2 Zwiebeln, 1 Knoblauchzehe, 1 kleine Zucchini oder 1 Kohlrabi, 1 säuerlicher Apfel, 2 Scheiben Bauchspeck, 2 Scheiben Schinken, Wurstreste (wenn vorhanden), Pfeffer, Salz, 1/2 l trockener Weißwein

Alles Gemüse und den Apfel in 3 mm dicke Scheiben schneiden.
Die Hälfte davon lagenweise in einen niedrigen Bratentopf schichten und mit Pfeffer und Salz nach Geschmack würzen.
Dann die Fleischsorten darauf legen, mit Zwiebeln, Apfelscheiben und dem restlichen Gemüse zudecken.
Obendrauf die restlichen Kartoffeln schichten.
Den Weißwein darüber gießen und zugedeckt im Rohr bei mäßiger Hitze (170 °C) ca. 1 1/2 Stunden backen.

Erdäpfelsailing (Foamsailing)

für 4 Portionen

500 g Erdäpfel, 200 g Mehl, etwas Salz, Läuterfoam von der Butterschmalzherstellung

Erdäpfel kochen, schälen und durch die Erdäpfelpresse in eine Teigschüssel drücken.

Mit Mehl und Salz zu einem Teig verarbeiten. Daraus kleine Kugerln formen. In kochendem Salzwasser aufkochen, abseihen und mit kaltem Wasser abschrecken.
Diese Sailing in Läuter-Foam (Rest beim Auslassen von Butter zu Butterschmalz) noch kurz anbraten und rasch servieren.

Pilz- und Schwammerlgerichte

Schwammerlgulasch

für 4 Portionen
40 g Butter, 1 Zwiebel, 1 EL Paprika, 1 EL Essig, 500 g Pilze oder Eierschwammerln, 1 EL Mehl, 1/8 l Wasser, 2 EL Rahm, 1 Prise Salz

Pilze putzen und kleinblättrig schneiden. Zwiebel schälen und fein hacken.

Butter in einer Pfanne erhitzen und gehakkte Zwiebel dazugeben.

Zwiebel hell anrösten und blättrig geschnittene Schwammerln hinzufügen.

Mit Mehl stauben, mit Wasser aufgießen und würzen. Aufkochen lassen. Kurz vor Garzeitende den Rahm einrühren und servieren.

Mit Petersilie garniert servieren.

Als Beilage wird ein Stück herzhaftes Bauernbrot empfohlen.

TIPP: Das Schwammerlgulasch schmeckt noch besser, wenn zum Aufgießen Rindsuppe verwendet wird.

Eierschwammerlsoße mit Semmelknödel

für 4 Portionen
ca. 1 kg Eierschwammerln, 100 g Butter, 1 Zwiebel, 1/4 l Süßrahm, 2 Dotter, 1 EL griffiges Weizenmehl, Salz, Petersilie
Semmelknödel: 3 altbackene Semmeln, 40 g Fett, grüne Petersilie, ca. 1/8 l Milch, 2 Eier, 40 g Weizenmehl, Salz

Die Zwiebel schälen und fein hacken. Die Butter zerlassen und den vorbereiteten Zwiebel darin anrösten. Die geputzten und geschnittenen Eierschwammerln dazugeben und im eigenen Saft weich dünsten.

Rahm, Mehl und Dotter gut versprudeln und zu den Eierschwammerln geben. Kurz aufkochen lassen und abschmecken.

Für die Semmelknödel altbackene Semmeln würfelig schneiden. Milch und Eier vermengen und über die Semmeln gießen und gut durchrühren. Zwiebel schälen und fein hacken, in Fett anrösten und überkühlen lassen. Alle Zutaten gut vermengen und würzen. Knödel formen und in Salzwasser einkochen.

Je nach Größe haben die Knödel eine Kochzeit von10 bis 20 Minuten.

Gebackene Steinpilze

für 4 Portionen

500 g Steinpilze, Salz, Mehl, Ei, Semmelbrösel, Butterschmalz

Pilze säubern und in 1 cm dicke Scheiben schneiden.

Salzen, mit Mehl, Ei und Bröseln panieren und in heißem Butterschmalz schwimmend herausbacken.

Nach dem Backen sofort servieren und genießen.

TIPP: Wird das Ei für die Panade gesalzen, reicht dies meist aus. Dadurch erfolgt auch die Salzverteilung gleichmäßiger und sparsamer.

Schwammerln mit Ei

für 2 Portionen

40 g Butter, 1 kleine Zwiebel, 400 g Eierschwammerln, Salz, Petersilie, 4 Eier

Schwammerln waschen, putzen und blättrig schneiden. Zwiebel schälen und fein hacken. Die Butter in einer Pfanne heiß werden lassen, Zwiebel andünsten und die geschnittenen Schwammerln dazugeben.

Mit Salz würzen und ohne weitere Flüssigkeitszugabe solange dünsten, bis die Flüssigkeit vollständig verdampft ist.

Die Eier aufschlagen und über diese Masse geben.

Diese Masse kurz rösten, bis die Eier gestockt sind. Die Speise salzen und etwas pfeffern.

Mit frischer, gehackter Petersilie bestreuen und sofort servieren.

TIPP: Das Schwammerlgericht gleich mit der Pfanne zu Tisch bringen, damit es schön heiß bleibt. Denn so schmeckt es mit Bauernbrot am besten.

Salate

Warmer Krautsalat

für 4 Portionen

1 mittlerer Krautkopf, 100 g durchwachsener Speck, Salz, Kümmel, Mostessig

Das Kraut fein nudelig schneiden, mit siedendem gesalzenem Kümmelwasser übergießen und eine Weile zugedeckt stehen lassen.

Den Speck feinwürfelig schneiden, anrösten und mit Essig aufgießen. Die anderen Gewürze zugeben und aufkochen lassen.

Wasser vom Kraut abgießen, mit dem Speck-Essiggemisch übergießen und gut durchmischen.

Noch warm servieren.

Brunnenkressesalat

für 4 Portionen

150 g Brunnenkresse, 400 g Erdäpfel, Salz, Essig, Kernöl, 1 Zwiebel

Die Brunnenkresse wird sauber geputzt und gewaschen und etwas zerkleinert. Für den Erdäpfelsalat die gekochten und geschälten Erdäpfel blättrig schneiden und mit der fein gehackten Zwiebel, dem Salz, Essig und Öl marinieren. Die vorbereitete Kresse in den noch warmen Erdäpfelsalat einmischen.

TIPP: Dieser Salat aus der Natur ist sehr mineralstoffreich und hat viele wertvolle Inhaltstoffe.

Erdäpfelsalat

für 4 Portionen

500 g Erdäpfel, 1 Zwiebel, Kernöl, Salz, Pfeffer, Mostessig

Gekochte, geschälte, blättrig geschnittene Erdäpfel und die gehackten Zwiebel werden gut vermischt und mit Kürbiskernöl, Essig, Salz und Pfeffer vermengt.

TIPP: Erdäpfelsalat vor dem Servieren nochmals kosten und abschmecken, da dieser durch das Anziehen oft an Geschmack verliert.

Röhrlsalat

für 4 Portionen

150–200 g junge Löwenzahnblätter (ohne Blütenknospen), Kernöl, Salz, Pfeffer

Löwenzahn waschen, putzen und fein schneiden. Mit Kernöl, Salz und Essig marinieren.

TIPP: Man kann gekochte, in Scheiben geschnittene Erdäpfel dazugeben.

Pikante Käsespeisen

Frigge (Frigga)
aus dem Mölltal in Kärnten

für 6 Portionen

500 g Selchspeck, 500 g Hartkäsescheiben, 5 Eier, Salz, Pfeffer

Selchspeck in Würfel schneiden. Diesen in einer Pfanne erhitzen, bis das Fett zu schwitzen beginnt. Käse in messerrückendicke Scheiben schneiden und 2/3 davon über den Speck legen. Eier darauf schlagen und etwas verrühren. Restlichen Käse darauf legen und mit Salz und Pfeffer würzen. Sobald der Käse zu schmelzen beginnt, die Pfanne vom Feuer nehmen.

Das Speck-Käsegericht entweder auf Schwarzbrotscheiben oder auf Polentascheiben (Plentn) anrichten und sofort servieren. Dazu wird meist ein Trippen oder ein dickes Koch, Sauerkraut oder Salat serviert.

WISSENSWERTES: Diese Speise ist aus Italien herübergekommen und war ein typisches Holzknechtessen. Im Gailtal wird die Frigga auch mit Erdäpfeln zubereitet. Im südtirolerischen Raum wird diese Speise mit Polenta serviert.

Süßer Labtopfen

Vollmilch, Anis, Rosinen, Zimt, Zucker

Frische Vollmilch wird bei 32 °C mit Lab (siehe Labtopfen) versetzt.

Gleich etwas Anis und Rosinen zugeben.

Nach dem Eindicken die gelabte Milch durch ein grobmaschiges Tuch laufen lassen.

Wenn das Eiweiß schnittfest ist, dieses zerkleinern und mit Zimt und Zucker bestreut servieren.

Käsknöpfle (Käsespätzle)

für 6 Portionen

500 g griffiges Mehl, 3 Eier, 1 TL Salz, 1/4 l Wasser, 250 g Bergkäse, 100 g Butter, 2 Zwiebeln, 50 g Butter (für die Pfanne)

Mehl in eine Schüssel geben und salzen. Mit den Eiern und dem Wasser zu einem weichen Teig verrühren. In einem großen Topf Wasser zustellen, salzen, dieses erhitzen und nach dem Aufkochen sofort die Spätzle mit dem Spätzlehobel in das kochende Wasser geben. Die Spätzle zwei bis drei Minuten kochen lassen und dann abseihen. Den Bergkäse fein reiben und auf einen Teller geben. Die Zwiebeln schälen, und in feine Ringe schneiden. Butter in einer Pfanne erhitzen und die Zwiebelringe darin goldbraun anrösten. Die Spätzle in eine mit Butter bestrichene Pfanne lagenweise mit dem geriebenen Käse und den Zwiebelringen schichten und im Rohr bei 210 °C kurz überbacken. Danach in der Pfanne servieren. Dazu passt Krautsalat oder grüner Salat.

TIPP: Das Wasser zum Kochen der Spätzle erst nach dem Aufkochen salzen, dann kocht das Wasser schneller.
Anstatt geriebenem Käse kann auch Sauerrahm verwendet werden, dann erhält man die sogenannten Rahmknöpfle.

Schichtkäse
– Schmalzkäse (Kärnten)

1 kg Topfen, etwas Salz, 300 g Butter

Topfen in der Schottwiege vom Käswasser (Molke) befreien.

Diesen gut durchkneten und mit Salz würzen.

Danach zu einem Rechteck ausbreiten und mit einer dicken Butterschicht bedecken.

Zusammenrollen und in eine Kastenform drücken und einen Tag stehen lassen, damit sich die Schichten gut verbinden.

Die einzelnen Schichten ergeben beim Herunterschneiden eine schöne Musterung bzw. Maserung.

TIPP: Topfen und Butter können auch schichtweise in eine Form gegeben werden. Dadurch entsteht ein Streifenmuster.

Knödel

Kaspressknödel

für 6 Portionen

750 g Erdäpfel, 125 g Topfen, 100 g altbackenes Weißbrot, 100 g Mehl, Salz, 1 Zwiebel, 100 g Graukäse oder würzigen Käse, Schnittlauch, Butterschmalz, 1 l Rindsuppe

Zwiebel schälen, kleinwürfelig schneiden und in etwas Butterschmalz anrösten. Erdäpfel kochen und nach dem Schälen zerstampfen.

Erdäpfel mit Topfen und würfelig geschnittenem Weißbrot vermischen. Mehl, Salz und gerösteten Zwiebel hinzugeben.

Graukäse und Schnittlauch unter diese Masse mengen und gut verrühren.
In heißem Butterschmalz herauspressen (mit einem Kochlöffel ein Häufchen der Knödelmasse heraus stechen und gegen den Pfannenrand pressen.

Größe des Knödels ca. 1 cm dick und 6 cm Durchmesser) und goldgelb backen.

Mit grünem Salat servieren.

TIPP: Kleine Knödel in heißer Suppe servieren.

Pressknödel

für 4 Portionen

300 g Knödelbrot oder altbackene Semmeln, 200 g gekochte Erdäpfel, 200 g Graukäse, 3 Eier, ca. 1/4 l Milch, Petersilie, Kümmel, Salz

Knödelbrot mit heißer Milch übergießen. Gekochte, geschälte und geriebene Erdäpfel darunter mengen. Mit dem geriebenen Käse und den restlichen Zutaten zu einem Teig verkneten.

Knödel formen und ganz flach drücken, in wenig Butter langsam herausbacken.

Kurz vor dem Servieren in einer Suppe etwas ziehen lassen.

TIPP: Eine sehr gute Hauptspeise mit frischem grünen Blattsalat. Knödel auf einem Blech im Rohr mit wenig Fett backen.

Milchknödel

für 4 Portionen

500 g Mehl, 70 g Zucker, 20 g Germ, 70 g Butter, 3 Eier, 1/4 l Milch, Salz, Kakao und Zucker zum Bestreuen, 1 l Milch zum Kochen, 50 g Zucker

Germ in etwas Milch auflösen. Mehl in eine Schüssel geben und mit der aufgelösten Germ, der weichen Butter, dem Zucker, den Eiern, dem Salz und der restlichen Milch zu einem Germteig verarbeiten.

Runde Laibchen formen und auf einem bemehlten Brett zugedeckt etwas gehen lassen.

Die Knödel in die gezuckerte, lauwarme Milch geben.

Zugedeckt langsam kochen lassen, ohne den Deckel zu öffnen.

Danach den Knödel herausnehmen und langsam mit der Gabel auseinander ziehen, damit sie nicht zusammenfallen.

Mit Kakao und Zucker bestreut servieren.

TIPP: Anstelle von Kakao kann auch Zimt verwendet werden.

Nudeln

Schmalznudeln

für 6 Portionen

650 g Mehl, 40 g Germ, 1/8 l Milch fürs Dampfl, 2 Eier, 1 schwacher TL Salz, 1/4 l Milch zum Anmachen, 150 g Butterschmalz, 120 g Butter, 1/4 l Wasser

Mehl in eine Teigschüssel geben, in der Mitte mit der Germ und 1/8 l lauwarmer Milch ein Dampfl machen. Dieses gut aufgehen lassen. Salz, Eier und lauwarme Milch dazugeben und einen Germteig bereiten.

Diesen gut abschlagen und 2–3 Mal gehen lassen.

Daraus vier Wecken formen und wieder 20 Minuten gehen lassen.

In der Zwischenzeit 150 g Butterschmalz und 250 g Butter sowie 1/4 l Wasser in einem Kessel zum Kochen bringen und Wecken einlegen. Ca. 20 Minuten kochen lassen. Wenn sie hellbraun sind, umdrehen und noch einmal 5 Minuten kochen.

Der Kessel muss einen passenden Deckel haben, am Besten aus Holz.

Die Nudeln aufschneiden und noch sehr warm essen.

Rohrnudeln

für 8 Portionen

1 kg Weizenmehl, 1 1/2 Würfel Germ, 4 EL Zucker, 1 Prise Salz, 2 Eier, 1/2 l Milch, 150 g Butter, Schale einer Zitrone, Zimt, Zucker zum Wälzen

Aus den angegebenen Zutaten einen mittelfesten Germteig bereiten und gut gehen lassen.

Danach aus der Masse Kugeln formen (jeweils in der Größe eines Tennisballes), diese in flüssiger Butter drehen, in Zimt und Zucker wälzen und in eine ausgebutterte Rein nicht zu dicht nebeneinander setzen.

20 Minuten gehen lassen und ins heiße Backrohr schieben.

Bei 190 °C ca. 25 bis 35 Minuten knusprig braun backen.

TIPP: Die Rohrnudeln schmecken hervorragend, wenn Dinkelmehl statt Weizenmehl verwendet wird.

Schneckennudeln

für 8 Portionen

1 kg Weizenmehl, 1 Würfel Germ, 80 g Zucker, 1 Prise Salz, 2 Eier, 1/2 l Milch, 150 g Butter, Zimt, 100 g Rosinen, Zucker zum Bestreuen, 1/16 l Schnaps

Aus Mehl, Germ, Zucker, Eier, Milch und Salz einen mittelfesten Germteig bereiten und ca. 1/2 Stunde gehen lassen.

Den Teig ca. 1 cm dick auswalken.

Mit zerlassener Butter bestreichen, mit Zimt und Zucker bestreuen und die Rosinen darauf verteilen.

Den Teig zusammenrollen und mit einem scharfen Messer ca. 2 cm dicke Scheiben abschneiden.

Diese auf ein befettetes Blech setzen und bei geringer Hitze hellbraun backen.

Schnaps mit Wasser und Zucker zu einer dickflüssigen Masse verrühren und die Schneckennudeln noch warm bestreichen.

TIPP: Statt Schnapsglasur eine Glasur mit Zitronensaft zubereiten und auf die warmen Schneckennudeln streichen.

Braunnudeln

für 2–3 Portionen

300 g Erdäpfel, 100 g Mehl, Salz, Muskatnuss, 20 g Germ, Fett zum Backen

Aus den gekochten Erdäpfeln und den anderen Zutaten (mit Germ) einen Teig bereiten und aufgehen lassen.

Anschließend zu einer Rolle formen.

Die Rolle in kleine Stücke teilen und zu Nudeln rollen.

Diese Nudeln im Fett backen.

Sterz, „Muas“ und Koch

Schwarzbeerschmarren

für 3 Portionen

1/4 l Milch, 150 g Weizenmehl, 3 Eier, Salz, Schwarzbeeren

Milch mit Dotter, Salz und Mehl gut durchrühren, zum Schluss den fest geschlagenen Schnee unterheben.

Butter erhitzen und Teig hineingießen, Schwarzbeeren in die Teigmasse einstreuen und auf einer Seite gut durchbacken. Schmarren umdrehen und fertig backen.

Danach in kleine Stücke zerstechen und mit Zucker bestreut servieren.

TIPP: Wird die Masse gleich mit den Schwarzbeeren vermischt löffelweise in die Pfanne gegossen, so entstehen nette, wohlschmeckende Dalken.

Erdbirnbrös'n – Kartoffelschmarren

für 4 Portionen

750 g Kartoffeln, 250 g Mehl, Salz, Butterschmalz

Die am Vortag gekochten Kartoffeln passieren, salzen und mit dem Mehl mischen.

Das Aussehen dieser Masse soll grießig und nicht klumpig sein.

Die Kartoffelmasse wie einen Schmarren in heißer Butter rösten. Der Kartoffelschmarren darf dabei nicht verkleben.

TIPP: Diese Hauptspeise kann mit Salat oder auch mit heißer Milch oder Kaffee gegessen werden.

Polenta

für 4 Portionen
1/2 l Wasser, Salz, ca. 120 g Polentamehl (mittelfein oder grob), 2 EL Butter

Wasser in einem hohen Topf zum Kochen bringen, salzen und unter ständigem Rühren langsam das Maismehl einrieseln lassen. Dabei ständig weiterrühren, um Knollenbildung zu vermeiden. Kochtopf zur Seite stellen und Polenta fertig ausgaren lassen. Am Boden bildet sich eine Kruste. Die Polenta soll sich vom Topfboden lösen. Zum Schluss die Butter unterrühren.

Garzeit: mindestens 30 Minuten

TIPP: Die Polenta mit Spiegeleiern genießen – besonders gut als kleines Abendessen geeignet.
Polenta vom Topf auf eine Platte stürzen und auf den Tisch stellen. Dazu zum Beispiel Käse – von dem steckt jeder daumendicke Stücke in den dampfenden Polentaberg. Wenn der Käse zu schmelzen beginnt und Fäden zieht, schöpft jeder Polenta mit Käse auf seinen Teller und genießt diese Speise aus Südtirols Bergen.
Eine weitere Variante wäre: fertigen Polenta in einer weiten Pfanne 2 cm hoch verteilen, Preiselbeerkompott darüber streichen und darüber braune Butter gießen. Das Ganze direkt aus der Pfanne essen.

Polentasterz

für 4–6 Portionen
1 l Milch, 1 EL Salz, 400 g Polenta, 200 g Butter

Milch mit Butter zum Kochen bringen, salzen und den Polenta einkochen und zugedeckt langsam dünsten.

Vor dem Anrichten den Sterz mit der Gabel auflockern.

TIPP: Apfelspalten kurz vor Garzeitende hinzufügen und mitdünsten.

Oasterz (Eiersterz)

für 4 Portionen

250 g Mehl, Salz, 100 g Fett, 4 Eier, 1/8 l Wasser

Das Mehl mit kaltem Wasser, einer Prise Salz und den 4 Eiern verrühren. Die Sterzmasse in heißes Fett in eine Pfanne gießen und braun anbraten lassen. Sterz umdrehen und dann bröckelig zerkleinern. Dabei immer wieder wenden.

Ein sehr schnelles Gericht, welches mit Salat oder Kompott serviert wird.

Brennsterz (auch Muas genannt)

für 3–4 Portionen

250 ml Weizenmehl, 250 ml Wasser, Salz, 3 EL Schweineschmalz

Das Weizenmehl salzen und mit siedendem Wasser übergießen. Schweineschmalz gut erhitzen und den Mehlbrei ins Fett geben. Die Masse auf einer Seite zugedeckt gut anbraten lassen.

Danach wenden und mit einem „Muaser" (Schmarrenschaufel) zerstoßen, bis der Sterz feinbröselig oder nach Wunsch feinbröckelig ist.

TIPP: Gekochte blättrig geschnittene Kartoffel mitrösten. Dieser Sterz heißt dann verheirateter Sterz. Mit Malzkaffee servieren.

Melchermuas

für 4 Portionen

150 g Weizenmehl, 150 g Butter, ca. 3/4 l Milch, Salz, 100 g Butter, Preiselbeermarmelade

Weizenmehl in Butter hell rösten, mit einem Teil der Milch aufgießen, salzen und dick einkochen lassen, bis eine helle Einbrenn entsteht.

Dann mit der restlichen Milch aufgießen und solange bei mittlerer Hitze weiterrühren bis ein dickes Koch entsteht.

In einer Pfanne 100 g Butter erhitzen, das Koch in das erhitzte Fett hinein geben und vorsichtig hellbraun anrösten. Dann den Teig wenden und die zweite Seite hellbraun backen. Das Muas soll rundum schön knusprig braun sein, darf aber nicht an der Pfanne kleben bleiben. Mit dem Muaser in Stücke zerteilen und mit Preiselbeerkompott servieren.

TIPP: Statt Milch kann auch Buttermilch verwendet werden.

Rahmmuas

für 4 Portionen

1/2 l Rahm, 100 g Weizenmehl, 100 Weizengrieß fein, 1 Prise Salz, 100 g Butter, Zimt, Zucker

In einer weiten Pfanne den Rahm aufkochen und die Prise Salz einrühren. Das Mehl und Grieß vermischen und in den heißen gesalzenen Rahm einrühren. Diese Masse bei mittlerer Hitze in der Pfanne solange rösten, bis der Schmarren eine goldgelbe Farbe hat. Vor dem Anrichten die Butter in einer Pfanne erhitzen und über das Muas gießen.

Mit Zucker und Zimt bestreut servieren.

WISSENSWERTES: Diese Speise aus Vorarlberg ist eine traditionelle Kost am 15. August (Maria Himmelfahrt) in den Alpen in Vorarlberg.

Milchmuas

für 4 Portionen

1 l Milch, etwas Salz, 50 g Butter, 180 g Weizenmehl

Eine weite Kupferpfanne wird mit der Butter ausgestrichen. Danach wird die Milch hinein gegeben.

Diese wird gesalzen und leicht aufgekocht.

Danach wird das Mehl langsam eingerührt.

Die Hitze wird verringert und das Muas wird weitergekocht, bis es dicklich wird.

In die Mitte etwas Butter geben und das Muas auskühlen lassen.

WISSENSWERTES: Das Milchmuas war früher ein Bauerngericht und wurde in der Früh und am Abend gegessen. Oft aßen 10 Leute aus einer Muaspfanne.

Wassermuas

für 4 Portionen

250 g Weizenmehl, ca. 1 l Wasser, Salz, 30 g Butter, 500 g mageres, gekochtes Surfleisch

In einer Eisenpfanne mit Butter eine Einbrenn machen, welche mit dem Wasser aufgegossen wird.

Das gekochte Surfleisch in Würfel schneiden, dazu geben und weiterkochen, bis das Muas dicklich ist. Fertig kochen lassen. Etwas Butter darüber geben und auskühlen lassen.

TIPP: Dieses Gericht schmeckt besonders gut mit Schwarzbrotscheiben.

Polentamuas

für 4 Portionen

200 g Weizenmehl, 200 g Polentamehl feinkörnig, 1/4 l Milch, 1/4 l Wasser, Salz

Weizenmehl und feinkörniges Polentamehl zu gleichen Teilen mischen.

In einer weiten Eisenpfanne zur Hälfte Wasser und zur Hälfte Milch zum Kochen bringen, salzen nach Geschmack und die Mehlmischung unter langsamem Rühren dazugeben (ungefähr so Eindicken wie bei einer dicken Béchamelsauce). Wenn das Muas einzudicken beginnt, nicht mehr weiterrühren, damit sich am Boden eine Kruste bilden kann.

Achtung: die Hitze reduzieren, es brennt sehr leicht an!

Die ganze Masse ca. 20 Minuten dünsten.

Anschließend mit reichlich heißer Butter übergießen und direkt aus der Pfanne essen.

Schwarzbeermiasl

für 4 Portionen
ca. 200 g Mehl, 1 Ei, Milch, Salz, Butter,
ca. 300 g Schwarzbeeren

Von den Zutaten einen mageren Schmarrenteig bereiten. In der Pfanne auf beiden Seiten goldbraun backen, dann zerkleinern.

Jetzt die Beeren dazugeben, gut durchmischen und zugedeckt etwas dämpfen lassen. Nochmals durchmischen, dann mit viel Zucker bestreuen.

Dazu trinkt man Milch.

TIPP: Dieses Gericht kann man mit Zwetschken, Äpfeln, Ribiseln oder Kirschen machen.

Fedlkoch (Steiermark)

für 4 Portionen
250 g Butter, 500 ml Milch,
500 g Weizenmehl, 2 Eier

Mehl, Eier und Salz abbröseln. Milch erwärmen und Butter darin zerlassen. Das Mehl-/Eigemisch einrühren und bei mäßiger Hitze dämpfen.

Aus dieser fertigen Masse Knödel formen und auskühlen lassen.

Zum Trocknen an einem warmen, luftigen Ort auflegen.

Für das Koch werden die Knödel mit einem Reibeisen gerieben, mit Zimt und Zucker, sowie Rosinen abgemischt und in Milch erneut aufgekocht.

Almkoch

für 4 Portionen

1/2 l Milch, 1/2 l Wasser, 1 TL Salz, 10 g Butter oder Butterschmalz, 75 g Mehl, 75 g Grieß, 1/2 l Milch, 40 g Butter

Eine weite Pfanne mit Butterschmalz oder Butter gut bestreichen, die Hälfte der Milch mit der Hälfte des Wassers vermischt hinein geben und zum Aufkochen bringen. Nach dem ersten Aufwallen salzen und das restliche kalte Wasser nachgießen. Mehl und Grieß mit der restlichen kalten Milch vermischen und langsam in die kochende Wassermilch einrühren. Aufkochen lassen und bei schwacher Hitze dünsten, bis ein dickes Koch entsteht. Dann die restliche Milch einrühren und wieder dick einkochen. Die Pfanne zur Seite stellen und die vorbereitete Butter in kleinen Flöckchen auf das Koch verteilen. Das fertige Koch wird mit der Pfanne zu Tisch gebracht und direkt aus der Pfanne gegessen. Dazu reicht man Preiselbeerkompott oder Birnenkompott.

WISSENSWERTES: Das Koch wurde über offenem Feuer zubereitet. Dadurch bildete sich der sogenannte Prinzen (Kruste am Pfannenboden und am Pfannenrand).

Rahmkoch (mit Sauerrahm)

für 4 Portionen

1/4 l Sauerrahm, 1 Zimtrinde, etwas Zitronenschale, 3 Gewürznelken, 120 g Mehl, 120 g Weizengrieß, eine Prise Salz

Sauerrahm mit den Gewürzen zum Kochen bringen und etwas salzen.

Mehl und Grieß zusammenmischen und zum kochenden Rahm geben.

Der Rahm soll von Mehl und Grieß vollständig aufgenommen werden. Die Masse in eine kleine Schüssel geben und kalt stellen.

Vor dem Verbrauch wird die Masse mit einer Gabel zerkleinert, erwärmt und mit Zucker, Rosinen und Zimt verrührt.

TIPP: Rahmkoch ist eine sehr ausgiebige Speise. Also nicht zuviel davon anrichten.

Rahmkoch gebacken

für 4 Portionen

4 Eier, 120 g Zucker, 1/4 l Sauerrahm, etwas Salz, 1 EL Weizenmehl, etwas Butter zum Backen

Rahm, Dotter und Zucker werden versprudelt und etwas gesalzen. Eiklar zu steifem Schnee schlagen und mit dem Mehl vorsichtig unter die Dottermasse heben. Eine Backform mit Butter ausstreichen und die Rahmkochmasse hineinfüllen. Bei 175 °C ca. 30 Minuten backen.

Leicht überzuckert sofort servieren, damit der Rahmauflauf nicht zusammenfällt.

Grießkoch

für 4 Portionen

500 ml Milch, 100 g Grieß, Salz

Den Grieß in die Milch einlaufen lassen und kochen. Eine Messerspitze Salz dazugeben und so lange leicht kochen lassen, bis der Grieß weich ist. Dabei ständig rühren.

Man kann das Grießkoch zuckern, zerlassene Butter oder Zimt darüber streuen.

WISSENSWERTES: Im Mürztal wird auf das Grießkoch zerlassene Butter und ein kleines Häufchen Brennsterz gegeben. Diese Speise wird im Murtal auch gesattelter Sterz genannt.

Milchkoch (Kirschkoch)

für 4 Portionen

500 ml Milch, 5 EL Mehl, 1 Prise Salz, 50 g Butter, Anis, Kirschen nach Belieben

Milch mit einer Prise Anis kochen und die Butter dazugeben.

Mehl und Salz in kaltem Wasser verrühren, zugeben und unter ständigem Rühren aufkochen lassen.

TIPP: Vor dem Anrichten nach Belieben mit Kirschen vermengen.

Schwarzbeerkoch

für 6 Portionen

750 g Mischmehl oder griffiges Mehl, 1 TL Salz, ca. 1/2 l kochendes Wasser, ca. 150 g Fett, 200–250 g Schwarzbeeren, Staubzucker

Das Mehl in eine Schüssel geben und salzen. Anschließend mit kochendem Wasser übergießen.

Mit einem Kochlöffel diese Masse zu mittleren Klumpen rühren. Diese in das heiße Fett geben und mit der Schmarrenschaufel fein zerkleinern. Das Koch soll eine goldgelbe Farbe bekommen.

Danach noch ca. 50 g Butter dazugeben und mit den Schwarzbeeren vermischen.

Zuletzt noch reichlich Staubzucker darüber streuen.

Schwarzbeerdatschi

für 4 Portionen

300 g Schwarzbeeren, 250 g Weizenmehl griffig, 1 Prise Salz, 2 EL Zucker, 300 ml Milch, 200 g Butterschmalz, Staubzucker, Schlagobers

Schwarzbeeren mit Mehl und Zucker vermischen. Milch erhitzen, leicht salzen und über die Mehl-Beerenmischung leeren.

Das Ganze zu einer weichen Teigmasse verrühren.

Das Butterschmalz in einer tiefen Bratpfanne erhitzen (ca. 160 °C).

Mit einem Löffel aus der Masse Nocken ausstechen, diese in das erhitzte Fett geben und mit dem Löffelrücken flach drücken.

Auf jeder Seite goldbraun backen und aus dem Fett nehmen.

Mit Staubzucker bestreuen und auf Tellern mit frischen Beeren und geschlagenem Obers anrichten.

TIPP: Frische, gekühlte Milch ergänzt diese beerige Süßspeise.

Beigaben zu Süßspeisen

Apfelsoße

für 4 Portionen

750 g Äpfel, 50 g Butter, 125 ml Weißwein

Die Butter leicht bräunen, mit dem Wein löschen. Die geschälten, entkernten und halbierten Äpfel dazugeben und bis zum Zerfallen dünsten.

Umrühren und als Beigabe zu Sterz, Koch oder Nocken warm auf den Tisch bringen.

TIPP: Auch zu gekochtem Fleisch mit Knödel schmeckt diese Soße sehr gut.

Feine Preiselbeersoße

für 4 Portionen

30 dag Preiselbeermarmelade, 1/4 l Rotwein

Die Preiselbeermarmelade mit Rotwein verrühren und einige Minuten kochen lassen. Danach mixen und durch ein Sieb passieren.

Bis zur gewünschten Konsistenz einkochen.

Preiselbeersoße

für 4 Portionen

200 g Preiselbeeren, 30 g Weizenmehl glatt, 30 g Butter, 125 ml Wasser

Butter in einer Pfanne erhitzen und mit dem Mehl eine lichte Einbrenn bereiten. Mit Wasser aufgießen. Die Preiselbeeren hinzufügen und das Ganze aufsieden lassen.

Diese Soße eignet sich gut zu Fleischspeisen, wird aber auch zu Schmarren gereicht.

Preiselbeerkompott

für 4 Portionen

1 kg Preiselbeeren, 500 g Zucker, 1/8 l Wasser

Die Preiselbeeren mit dem Zucker vermischen und in einen weiten Topf geben. Das Wasser beifügen und bei mittlerer Hitze aufkochen lassen. Die Hitze zurücknehmen und die Preiselbeeren bei geringer Temperatur ca. 5 Minuten köcheln lassen.

In der Zwischenzeit Einkochgläser mit gut verschließbaren Deckeln heiß auswaschen und bereitstellen. Die heißen Gläser mit dem Kompott füllen, den Rand sauber abwischen und noch heiß mit dem Deckel gut verschließen.

Dieses Kompott eignet sich gut als Beilage für sämtliche Gerichte, die einer säuerlich-herben Ergänzung bedürfen wie z. B. Eierschmarren und Fleischspeisen.

TIPP: Wenn an Stelle des Wassers für das Kompott ein 1/8 l herber Rotwein verwendet wird, eignet sich das Kompott besonders als Beilage zu diversen Wildgerichten.

Nocken

Kasnockerln

für 4 Portionen
500 g Mehl, 1 Ei, 3/8 l Milch oder Wasser,
Salz, 40 g Fett, 100 g Ennstaler Steirerkas

Aus Mehl, Ei, Salz und Wasser oder Milch einen Teig schlagen.

Inzwischen in einem geeigneten Topf gesalzenes Wasser zum Kochen bringen.

Den Teig durch ein Spätzlesieb ins kochende Wasser streichen, ca. 4 bis 5 Minuten ziehen lassen.

Danach abseihen.

Dann in einer, wenn möglich, schwarzen Pfanne Fett heiß werden lassen, die Nockerln hineingeben und rösten, bis eine hellbraune Kruste entsteht.

Anschließend den „Steirerkas" darunter mengen.

Nochmals kurz durchrösten.

TIPP: Mit Kartoffelsalat servieren

Graukasnocken

für 4 Portionen
200 g Roggenmehl, 200 g Weizenmehl, Salz, Milch
Fülle: 500 g Kartoffeln, 250 g Graukäse oder Topfen,
Salz, Schnittlauch
Butter- oder Schweineschmalz zum Backen

Aus den Teigzutaten einen festen Nudelteig kneten.

Für die Fülle die gekochten Kartoffeln fein reiben, Graukäse aufbröseln und mit Salz und Schnittlauch vermengen.

Den Teig sehr dünn auswalken und große Scheiben ausstechen (Desserttellergröße).

Mit der Fülle belegen, die Ränder mit Milch bestreichen, zusammenschlagen und den Rand gut andrücken.

In heißem Schmalz herausbacken.

TIPP: Eine köstliche Hauptspeise, zu der je nach Jahreszeit Blattsalat oder Sauerkraut serviert werden kann.

Krautnockerln

für 6–8 Portionen

750 g Mehl, Salz, 3/4 l Wasser, 500 g Sauerkraut, Speck, Zwiebel, Knoblauch

Für die Wasserspatzen rührt man zu dem Mehl nach und nach gesalzenes Wasser und schlägt diesen Teig ab. Nun werden kleine Spatzen im siedenden Salzwasser eingekocht und ca. 2 Minuten darin gegart.

Abseihen, abschrecken und in Fett leicht schwenken.

Sauerkraut in wenig Wasser kurz kochen, abseihen und mit in Fett gerösteten kleinen Speckwürfeln, Zwiebeln und Knoblauch übergießen.

Zum Schluss mischt man das Sauerkraut unter die Spatzen.

TIPP: Die Wasserspatzen sind eine schnelle und einfache Beilage zu Gulasch und anderen Soßenfleischgerichten.

Holzknechtnocken

für 4 Portionen

300 g Weizenmehl glatt, Salz, 300 ml Wasser kochend, 100 g Butterschmalz, 200 g Äpfel, 50 g Butter

Mehl in einer weiten Pfanne linden, leicht salzen und mit kochendem Wasser überbrühen. Das Ganze zu einem Teig vermischen und daraus große Nocken formen. Diese Nocken in kochendem Salzwasser leicht wallend garen, bis sich die Nocken an der Oberfläche zu drehen beginnen.

Die Nocken abseihen, auf einem großen Sieb abtropfen lassen und dann in erhitztes Butterschmalz geben. Zuerst an der Unterseite gut anbraten und dann mit einem Küchenfreund wenden. Die zweite Seite ebenfalls gut anbraten. Darüber gibt man Obst, welches in Butter weich gedünstet wurde.

Diese Nocken werden in der Pfanne serviert. Nach Geschmack mit Zimt und etwas Zucker verfeinern.

TIPP: Diese Grundzutaten eignen sich auch für Apfelnockerln, welche dann mit Apfelmus serviert werden.

Schwarzbeernocken

für 4 Portionen

250 g Weizenmehl, Salz, ca. 1/8 l kochendes Wasser, 100 g Zucker, 30 g Schweineschmalz, 125 g Butter, 1/16 l Rum, 1 Hand voll Schwarzbeeren

Mehl salzen, mit kochend-heißem Wasser angießen. Heidelbeeren dazugeben und Laibchen formen.

In heißem Schweineschmalz herausbacken, bis sie auf der einen Seite braun sind, danach umdrehen. Butter dazugeben und weiterdünsten, bis die Laibchen durch sind. Rum und Zucker verrühren und darüber gießen.

Ca. 2 Minuten ziehen lassen, bis die Soße sämig ist.

Mit Staubzucker bestreut servieren.

Schwarzbeernocken

für 4 Portionen

300 g Weizenmehl, 3 Eier, 3/8 l Milch, Salz,
1 l Schwarzbeeren, Butterschmalz zum Backen

Aus Mehl, Eiern, Milch und Salz einen Teig anrühren und die Schwarzbeeren untermischen.

In einer flachen Pfanne etwas Butter heiß werden lassen und mit einem Löffel die Beerennocken eingießen.

Diese fließen etwas auseinander. Deshalb sollten sie nicht zu eng aneinander gesetzt werden.

Die Nocken auf beiden Seiten hellbraun herausbacken und gut angezuckert servieren.

TIPP: Damit die Nocken beim Wenden nicht reißen, sollten sie auf der Unterseite bereits gut durchgebacken sein.

Krapfen,
Woazane Krapfen

Osttiroler Schlipfkrapfen

für 4 Portionen

300 g glattes Weizenmehl, 1 Ei, 1/4 l lauwarmes Wasser, 3 EL Öl, Salz

Fülle: 400 g Kartoffeln, 150 g Topfen, 1 kleine gehackte Zwiebel, 40 g Butter, Schnittlauch, Salz

50 g Butter, 50 g Käse, Schnittlauch

Aus Mehl, Ei, Öl, Salz und Wasser einen mittelfesten Nudelteig bereiten und ca. 20 Minuten rasten lassen.

Für die Fülle die Erdäpfel kochen, schälen und passieren. Topfen, den in Butter angerösteten, fein gehackten Zwiebel, Schnittlauch und Salz untermengen und gut verrühren. Teig dünn auswalken, kleine Kreise ausstechen und die Fülle häufchenweise auf die Teigblätter geben. Teigränder zusammenschlagen und fest andrücken.

In kochendes Salzwasser einlegen und 10 Minuten leicht kochen lassen. Abtropfen lassen und mit zerlassener Butter, geriebenem Käse und Schnittlauch servieren.

TIPP: Wird die Fülle mit Minze zubereitet, ist diese Speise den Kärntner Kasnudeln sehr ähnlich.

Ennstaler Steirerkrapfen aus Roggenmehl

für ca. 30 Stück

1 kg Roggenmehl, Salz, siedend heißes Wasser (kein Kümmel!), Butterschmalz zum Backen (oder Schweinefett)

Das Mehl salzen und mit heißem Wasser zu einem mittelfesten Nudelteig verarbeiten. Diesen eine 1/2 Stunde rasten lassen, dann eine Rolle formen und von dieser 30 gleichgroße Stücke herunterschneiden.

Diese Teigstücke möglichst dünn und rund auswalken. In heißem (rauchenden!) Fett schwimmend und sehr rasch herausbacken. Nach dem Einlegen ins Fett sofort wenden, herausgeben und auf einem Gitter abtropfen lassen. Man kann sie nach dem Backen sofort verzehren, indem man sie mit Ennstaler Steirerkäse bestreut und wie Palatschinken zusammen gerollt isst.

Diese Ennstaler-Spezialität wird von den Köchinnen auf verschiedenste Arten zubereitet.

TIPP: Mit Honig, aber auch Bohnenkraut oder heißen Erdäpfeln schmeckt diese Köstlichkeit aus den obersteirischen Bergen besonders gut!

Fedlkrapfen 1

für ca. 15 Stück

500 g Mehl, Salz, Zitronenschale, 2 cl Rum, 1 Ei und 3 Dotter, ca. 3/8 l Milch, 80 g Butter, ca. 30 g Germ, 15 Stück Weinbeißer

Für den Germteig mit Germ und lauwarmer Milch in einem Mehlgrübchen ein Dampfl ansetzen.

Nach dem Aufgehen die restlichen Teigzutaten zufügen und einen Germteig wie für Faschingskrapfen abschlagen.

Den Teig 30 Minuten gehen lassen.

Der aufgegangene Teig wird auf einem bemehlten Brett 1/2 cm dick ausgewalkt und mit Weinbeißern in regelmäßigen Abständen belegt.

Danach werden Vierecke ausgeradelt (bei den Rändern gut festdrücken).

Diese nochmals gehen lassen und dann wie Faschingskrapfen herausbacken.

Abtropfen lassen.

Mit Staubzucker bestreuen oder mit Eierkrause überziehen.

Eierkrause

Einige Eier leicht vorwärmen und mit klarem Wasser zu einer schmierigen Masse rühren (nicht schaumig rühren).

Dann mit den Fingern rasch und schwungvoll feine Spritzer aus dieser Masse in das heiße Butterschmalz spritzen, gerade soviel wie zum Überziehen für einen „Wizl“ (Fedlkrapfen) benötigt wird.

Es muss ein zusammenhängendes Netz entstehen, das mit einer Gabel herausgefasst und sofort über den „Wizl“ gelegt wird.

Fedlkrapfen 2

für ca. 30 Krapfen

70 g Germ, 1/2 l lauwarme Milch, 1 kg Mehl, 12 Eidotter, 220 g zerlassene Butter, 120 g Zucker, 3 EL Rum, 1 TL Salz, 12 Stück Weinbeißer (Lebkuchen), 1 kg Schmalz zum Herausbacken

Dampfl aus etwas Milch, Zucker und Germ bereiten.

Mehl salzen, das Dampfl, Milch, Zucker, Dotter, Rum und die Butter dazumengen und gut abschlagen.

1 Stunde gehen lassen.

Mit Löfferl kleine Kugerln vom Teig abstechen, Kugerln schleifen, einen Weinbeißer draufgeben, einformen und gut gehen lassen.

In mäßig heißem Fett goldgelb herausbacken.

Darauf kommt die Eier-Krause.

Dazu 1 Ei (küchenwarm) in ein Häferl geben, 1 Schuss Wasser dazu, mit 3 Fingern leicht zerschlagen und ins heiße Fett dünne Fäden ziehen, schnell auf fertigen Krapfen geben.

Heiligengeistkrapfen 1

für ca. 20 Stück

800 g glattes Mehl, 250 ml Sauerrahm, 7 Dotter, 2 ganze Eier, 250 g Butter, wenig Milch, Salz, Anis

Sauerrahm, 7 Dotter und 2 ganze Eier mit 250 g Butter gut verrühren und unters Mehl mischen.

Ca. 1 Stunde rasten lassen.

Kleine Knödel formen, dünne Plättchen auswalken und mit einem Span drehend im heißen Öl herausbacken.

TIPP: Anstelle eines Spans kann zum Drehen der Krapfen auch eine Fleischgabel verwendet werden.

Heiligengeistkrapfen 2

für ca. 15 Stück

500 g glattes Mehl, 1/8 Rahm, 8 Dotter, 3 EL Rum, Anis, Salz

Eier mit Rahm gut versprudeln, dann in das Mehl geben, mit Anis und Salz vermischen. Den Teig gut verkneten und 30 Minuten rasten lassen.

Auf dem Nudelbrett ganz dünn auswalken und größere Scheiben ausstechen.

In heißem Butterschmalz hell backen, währenddessen mit einer Gabel in der Mitte des Krapfens Windungen drehen.

Umdrehen und fertig backen.

Mit Staubzucker und Zimt bestreuen.

Schnapskrapferln

für 6 Portionen

500 g Mehl, Salz, Zitronenschale, 2 cl Rum, 60 g Zucker, 3 Dotter, ca. 3/8 l Milch, 60 g Butter, ca. 30 g Germ, Fett zum Backen, Dörrzwetschken, Zimt, Schnaps

Für den Germteig mit Germ und lauwarmer Milch in einem Mehlgrübchen ein Dampfl ansetzen.

Nach dem Aufgehen die restlichen Teigzutaten zufügen.

Einen Germteig wie für Faschingskrapfen abschlagen.

Nach dem Aufgehen daraus kleinere Kugeln formen, die man nach dem nochmaligen Aufgehen in schwimmendem Fett bäckt.

Aus gedörrten Zwetschken ein Zwetschkenkompott bereiten, das man mit Zimt und Schnaps würzt.

Die gebackenen Kugerln hinein geben.

TIPP: Mit Schnapssuppe genossen sind diese Kugerln ein mehr als himmlischer Abschluss eines Almbesuchs.

Kaskrapfen

für 6 Portionen

150 g Roggenmehl, 150 g Weizenmehl,
1 EL Butter, Salz, lauwarmes Wasser
Fülle: 200 g heiße Kartoffeln, 100 g Topfen,
100 g Graukäse, 30 g Butter, 1 kleine Zwiebel,
Schnittlauch, Salz
Fett zum Backen

Aus Mehl, Salz, Butter und lauwarmem Wasser bereitet man einen Teig und knetet ihn gut ab. Diesen lässt man 15 Minuten rasten.

Aus dem Teig eine Rolle formen, 1 cm dicke Scheiben abschneiden und zu Krapfen auswalken.

Auf jeden Krapfen 1 Löffel Fülle, zusammenschlagen, Ränder gut andrücken und in heißem Fett herausbacken.

Noch warm servieren, dann schmecken sie am Besten.

Weinbeerkrapfen

für ca. 30 Stück

1 kg Mehl, 200 g Butter, etwas Zucker,
5 Dotter, Weinbeeren, etwas Salz,
1/2 l Milch, 40 g Germ

Für den Germteig mit Germ und lauwarmer Milch in einem Mehlgrübchen ein Dampfl ansetzen. Nach dem Aufgehen die restlichen Teigzutaten zufügen und einen Germteig abschlagen.

Den Teig 30 Minuten gehen lassen.

Nach dem „Gehenlassen“ esslöffelgroße Fladen auswalken, nochmals gehen lassen und in heißem Fett langsam herausbacken.

Die Krapfen schmecken warm wie kalt gleich gut.

Woazane Krapfen

für ca. 30 Stück

1 kg Mehl, 40 g Germ, etwas Zucker, Salz, 2 ganze Eier, 1/2 l Milch, Öl

Germ mit lauwarmem Wasser anrühren, Prise Zucker dazu, dann mit Milch, Eiern, Salz, einen weichen Germteig schlagen.

Das Öl dazugeben und an einer warmen Stelle gehen lassen.

Kleine Kugeln formen und mit einem Nudelholz austreiben, in der Mitte eine kleine Vertiefung machen und in heißem Fett goldbraun herausbacken.

TIPP: In die Vertiefung kann man auch Honig oder Marmelade geben.

Süßes für Feste und Gäste

Almnüsse

für 6 Portionen

75 g Butter, 60 g Zucker, 1 Prise Salz, 2 Eier, 250 g Mehl, 1/2 P. Backpulver, ca. 1/8 l Milch, Fett zum Backen

Aus den Zutaten einen Rührteig bereiten, der schwer vom Löffel fällt.

Gut walnussgroße Häuferl abstechen und ins nicht zu heiße Backfett (ca. 160 °C) gleiten lassen.

Goldbraun backen und auf Küchenkrepp abtropfen lassen. Mit Staubzucker bestreut servieren.

Alm-Sailinge

für 600 g Gebäck

500 g Mehl, 60 g Zucker, 40 g Butter, 1/4 l Milch, 40 g Germ, 2 EL Rum, 1 Pkg. Vanillezucker, 4 Dotter, Salz, Zitronenschale, Fett zum Herausbacken

Dotter, Zucker, Butter schaumig rühren. Mehl, Milch, Germ mischen, Salz dazu, alles zum Abtrieb geben und gut abschlagen.

An einem warmen Ort gehen lassen.

1 cm dick auswalken, mit Stamperl oder kleiner Form ausstechen, oder Kugerln schleifen, wieder gehen lassen.

Dann in heißem Schweinsfett, Butterschmalz oder Öl herausbacken.

TIPP: Mehl am Vortag in die Küche stellen. Salz darf nicht mit Germ zusammenkommen. Glattes Mehl verwenden. Butterschmalz zum Backen verwenden.

Schnapssuppe

für 4 Portionen

1 l Milch, 10 g Butter, 1 Zimtstange, 5 Gewürznelken, 100 g Zucker, 2 Dotter, 250 ml Schnaps (Obstler)

Milch in einem Topf aufkochen, die Butter mit den Gewürzen beigeben und fünf Minuten leicht köcheln lassen. Den Zucker mit dem Schnaps verrühren und in die kochende Milch geben und verrühren.

Die Dotter gut versprudeln und mit einem Schneebesen vor dem Servieren in die Schnapssuppe einrühren. Die Suppe darf dann nicht mehr kochen.

Mit süßen Krapferln zu Tisch bringen.

TIPP: Rumplnudeln in der Schnapssuppe erhöhen den Genuss dieser Almspeise.

Neunhäutelnudel

für 6 Portionen

3/4 l Milch, 1/4 l Mineralwasser, 7 Eidotter, Salz, 400 g Weizenmehl, Fett zum Backen, 3 EL Honig, 2 cl Schnaps

Aus den Teigzutaten einen nicht zu weichen Tropfteig bereiten.

Bei guter Hitze eine 1 1/2 bis 2 l Kasserolle halb mit Öl gefüllt gut heiß werden lassen (soll ein wenig rauchen).

Einen runden Holzstab nehmen, zuerst in Fett und dann in Teig tauchen, im heißen Öl backen, bis die Oberfläche hellbraun ist, erneut in den Teig tauchen und backen.

Diesen Vorgang insgesamt neunmal wiederholen.

Den Stab herausziehen, die Neunhäutelnudel mit Honigschnaps füllen und mit Staubzucker bestreuen.

TIPP: Zum schönen Anrichten kann die Neunhäutelnudel auch auseinander geschnitten werden. So sind die neun Häute gut sichtbar.

Rumplnudeln

für 300 g Gebäck

300 g Weizenmehl, 20 g Germ, 2 Dotter, 20 g Butter, 1 Prise Salz, 2 cl Rum oder Schnaps, Rum oder Schnaps zum Beträufeln, Staubzucker zum Bestreuen, Fett zum Herausbacken

Aus den Teigzutaten einen mittelfesten Germteig bereiten und gut aufgehen lassen.

Dann wird der Teig auf einer Arbeitsfläche zu Rollen mit einem Durchmesser von 1,5 bis 2 cm ausgeformt und mit einer Schere Nudeln heruntergeschnitten. Diese werden direkt in das heiße Fett fallen gelassen und auf beiden Seiten goldbraun gebacken.

Mit Rum oder Schnaps beträufeln und in Staubzucker wälzen.

WISSENSWERTES: Dies ist eine Mehlspeise, welche den Zuschauern beim Almabtrieb noch heute gereicht wird.

Böllan (Rumplnudeln)

für 600 g Gebäck

500 g Weizenmehl glatt, 50 g Staubzucker, 1 TL Anis, 1/2 TL Zimt, 1 Prise Salz, 150 g Butter, 3 EL Rahm, 5 EL Staubzucker, 1 TL Zimt, Fett zum Herausbacken

Aus dem Mehl, Salz, Staubzucker, Anis, Zimt, Butter und dem Rahm einen mürben Teig bereiten.

Diesen nicht zu lange kneten, damit er beim Auswalken nicht bricht.

Den Teig auf einem Nudelbrett fingerdick auswalken und daraus kleine Formen ausstechen.

Diese in heißem Backfett (Butterschmalz oder auch Öl) schwimmend herausbacken.

Auf einem mit Küchenkrepp bedeckten Backgitter abtropfen lassen.

Anschließend noch warm in Zucker-/Zimtgemisch wälzen.

Almraunggerln 1

für ca. 1 kg fertige Raunggerln

500 g Butter, 1/8 l Sauerrahm (möglichst sauer), 500 g Mehl, 50 g Zucker, etwas Zimt, 1 Prise Salz, Staubzucker und Zimt zum Bestreuen, Fett zum Backen

Mehl, Salz, Gewürze und die Prise Salz im trockenen Zustand vermischen. Die Butter in Flicken darunter mengen. Danach Sauerrahm beifügen und unter möglichst schonendem Durcharbeiten den Teig verarbeiten. Den Teig 1 cm dick auswalken und daraus mit einem herzerlförmigen Almraunggerl-Model Formen ausstechen. Diese sind in heißem Fett (ca. 140 °C) goldbraun herauszubacken.

Die Raunggerln werden noch warm mit Zimt-Staubzuckergemisch bestreut.

TIPP: Um recht weiche Raunggerln zu machen, sollen Butter und Sauerrahm sehr kalt sein. Auch werden sie besonders fein, wenn möglichst viele Raunggerln gleichzeitig im Fett herausgebacken werden.

Almraunggerln 2

für ca. 1 kg fertige Raunggerln

500 g Mehl, 2 Prisen Salz, 3–4 EL Staubzucker, 300 g Butter, 1/2 l Schlagobers, Zimt, 1 TL Backpulver, Fett zum Herausbacken, Staubzucker zum Bestreuen

Aus den Zutaten einem Mürbteig bereiten und diesen an einem kühlen Ort ca. 30 Minuten rasten lassen. Den Teig 1 cm dick auswalken. Mit dem Teigrand kleine Quadrate radeln und im tiefen Fett herausbacken. Wichtig ist es, während des Backens immer umzurühren, damit sie gleichmäßig goldgelb gebacken werden.

Aus dem Fett herausnehmen und mit Staubzucker bestreuen.

TIPP: Das Fett darf nicht zu heiß sein, da sonst die Raunggerln zu schnell braun werden.

Almraunggerln 3

für ca. 1 kg fertige Raunggerln

1 kg Mehl, 500 g Butter, Anis, Salz, etwas Milch, Staubzucker zum Bestreuen, Fett zum Backen

Die Zutaten werden zu einem mittelfesten Mürbteig verarbeitet, ausgewalkt und zu kleinen Vierecken ausgeradelt. In heißem Fett goldbraun herausbacken, abtropfen und mit Staubzucker überzuckern.

Kiachl

für ca. 15 Stück

500 g Weizenmehl, 1 Prise Salz, 20 g Germ, 40 g Zucker, 2 Eier, 40 g Butter, 1/4 l Milch, 2 EL Schnaps, Anis, Butterschmalz zum Herausbacken

Aus der lauwarmen Milch, der Germ und dem Zucker wird ein Dampfl angerührt.

Mehl, zerlassene Butter und alle anderen Zutaten vermengen und mit dem Dampfl zu einem mittelfesten Germteig abschlagen und gehen lassen. Mit einem Löffel Teigstücke abstechen und auf einem bemehlten Brett zu Kugeln ausformen.

Diese zugedeckt gehen lassen.

Vor dem Backen jedes „Kiachl" so auseinander ziehen, dass der Teig in der Mitte sehr dünn ist. Am Rand soll er aber dick bleiben und wie eine Wulst sein. Mit der oberen Seite nach unten in das heiße Fett einlegen und auf beiden Seiten goldgelb backen.

TIPP: In die Vertiefung in der Mitte der Kiachl kann als weitere geschmackliche und optische Variation auch Marmelade gefüllt werden.

Topfensailing

für 4 Portionen

250 g Topfen, 1 Ei, 200 g Mehl, 1 Prise Salz, Butterschmalz zum Herausbacken

Topfen mit dem Ei und dem Salz vermengen.

Mehl dazugeben und daraus einen mittelweichen Teig rühren.

Daraus kleine Nockerln formen, die flach gedrückt werden.

In heißem Butterschmalz herausbacken.

TIPP: Dazu wird entweder Salat oder Sauerkraut, aber auch Kompott oder Apfelmus serviert.

Topfenkisserln

für 4 Portionen

250 g Topfen, 200 g Dinkelmehl, 1 Prise Salz, Butterschmalz zum Backen

Aus den Zutaten einen festen Teig bereiten und ca. 1 cm dick auswalken.

Kleine Rauten ausradeln.

Diese vorsichtig in heißem Butterschmalz herausbacken.

Abtropfen lassen und mit Staubzucker bestreuen.

TIPP: Almkaffee und Topfenkisserln zusammen verzehrt munden hervorragend.

Ingsante Nigelen

für ca. 15 Stück

500 g Weizenmehl, Salz, 250–500 ml Milch, 50 g Butter, 2 Eier, 30 g Germ, Backfett (Butterschmalz oder Schweineschmalz), 1/2 l Wasser, 100 g Zucker, 100 g Mohn, 1 TL Zimt, 100 g Butter

Aus der lauwarmen Milch, der Germ und dem Zucker wird ein Dampfl angerührt.

Mehl, zerlassene Butter und alle anderen Zutaten vermengen und mit dem Dampfl zu einem weichen Germteig abschlagen und gehen lassen. Den Teig zu einer Rolle formen und 2 cm dicke Würfel abschneiden.

Nochmals kurz gehen lassen und danach schwimmend in heißem Fett goldgelb backen.

Wasser mit etwas Zucker aufkochen und die ausgekühlten Nigelen darin kurz aufweichen und abtropfen. Ein Gemisch aus geriebenem Mohn, Zimt und Zucker vorbereiten.

Angerichtet werden die Nigelen wie folgt: auf einem Teller eine Lage heiße, aufgeweichte Nigelen, eine Lage Mohngemisch, eine Lage Nigelen, abschließend wieder eine Lage Mohngemisch. Zuletzt mit heißer, brauner Butter übergießen.

Schmalzstrauben

für 4 Portionen

200 g Weizenmehl, 30 g Butter, 3 EL Zucker, 3 EL Weißwein, 4 EL Süßrahm, 3 Eier, Salz, Fett zum Herausbacken

Die zerlassene Butter ins trockene Mehl einrühren. Die übrigen Zutaten (Zucker, Rahm, Weißwein und Dotter) dazugeben und zuletzt den aus den Eiklar steif geschlagenen Schnee unterheben.

Aus einem Gefäß mit Schnabel wird der Teig kreisförmig ins heiße Backfett einlaufen gelassen.

Es wird dabei sehr eng begonnen und danach werden immer weitere Kreise gezogen. Diese Strauben sind sehr brüchig, daher sollten sie mit Vorsicht aus dem Fett gehoben werden.

Vor dem Servieren etwas Anzuckern und mit Apfelmus oder Milch zu Tisch bringen.

TIPP: Mancherorts (z.B. in Vorarlberg) gibt es für derartige Gebäcke eigene Eingusstrichter. Sie haben durch den Stiel den Vorteil, dass es für die Hände beim Eingießen nicht zu heiß wird.

Brot

Mischbrot

für 1 Laib

500 g Weizenmehl, 500 g Roggenmehl, 500 g Dinkelmehl, 2 EL Salz, 2 EL Trockensauerteig, 2 Würfel Germ, 1 TL Zucker, ca. 750 ml lauwarmes Wasser, 3 EL Öl, 2 EL Brotgewürze, Leinsamen, Sonnenblumenkörner und Sesam nach Belieben

Aus den Zutaten einen mittelfesten Teig bereiten, gut durchkneten und den Teig ca. 30 Minuten gehen lassen.

Aus dem Teig einen Laib formen und in eine mit Mehl bestreute Form (z. B. Bratrein) geben.

Nochmals gehen lassen.

Das geformte Brot einschneiden und ins vorgeheizte Backrohr geben.

Backzeit ca. 45 Minuten.

(Das fertige Brot muss beim Draufklopfen hohl klingen.)

TIPP: Etwas vom Teig vor dem Ausformen wegnehmen, mit Mehl abbröseln und als Sauerteig für das nächste Backen trocknen.

Almdatschi (Brotfladen)

für 6 Portionen

ca. 500 g Brotteig (vom oben genannten Brotteig), 2 Eier, 3 EL Rahm, 2 Zwiebel (in Ringe geschnitten), 100 g Speck (kleinwürfelig geschnitten), Salz, Kümmel

Das erste Viertel des vorbereiteten Brotteiges auf einem gut bemehlten Blech relativ dünn ausrollen.

Eier mit Rahm verquirlen und auf den Teig streichen.

In einer Pfanne Zwiebelringe und Speck andünsten und auf den Fladen verteilen, mit Salz und Kümmel würzen und nach dem Backen des Brotes in den Ofen schieben.

Warm servieren.

Getränke auf der Alm

In erster Linie war das klare Gebirgswasser das Hauptgetränk und wurde überall allen Almbesuchern aus Brunnen frei zur Verfügung gestellt. Durch den schwierigen Transport konnten vom Tal auch nicht viele Getränke zur Alm geschafft werden. So hat man sich mit dem dort Vorhandenen meist zufrieden gegeben.

Durch die Haltung von Kühen gab es täglich frische Milch, durch das Butterrühren die köstliche und schmackhafte Buttermilch. Mitunter gab es auch Sauermilch zum Trinken.

Mit Milch als Getränk wurde allerdings auch gespart, da diese für die Verarbeitung gedacht war.

Kaffee gab es auch, wobei dies früher vielfach der Malzkaffee war.

Schnaps wurde in kleineren Mengen auf die Alm mitgenommen. Einerseits als Medizin für die Tiere und anderseits, um Ansatzschnäpse für den Heimhof zu produzieren.

Eine weithin bekannte Spezialität ist der Almkaffee, welcher ursprünglich immer ohne Bohnenkaffee zubereitet wurde.

Almkaffee

1 l Bohnenkaffee, Schwarztee, Rahm, Zimtrinde, Nelken, Rum oder Cognac oder Schnaps, Zucker, 2 Dotter

Zimtrinde und Nelken in 1/8 l schwarzem Tee aufkochen und in den heißen Kaffee geben.

In einer großen Kanne die Dotter mit den restlichen Zutaten vermengen (Zutaten je nach Geschmack) und den heißen Kaffee dazuschütten.

Beim Zusammengießen darauf achten, dass die Dotter nicht durch zu heiße Flüssigkeiten gerinnen und ausflocken.

TIPP: Almkaffee kann man auch kalt servieren!

Almkaffee mit Milch

1 l Bohnenkaffee, 1 l Milch, Zimtrinde, Nelken, 1 P. Vanilleschoten, 3 Dotter, 1/4 l Schlagobers, ca. 1/8 l Rum, ca. 1/8 l Schnaps, Zucker

Einen kräftigen Bohnenkaffee zubereiten.

Einen 3/4 l Milch mit den Gewürzen aufkochen.

1/4 l Milch mit den restlichen Zutaten versprudeln und in die aufgekochte Milch einrühren. Gut durchziehen lassen und die Zimtrinde und Nelken entfernen. 1 l Bohnenkaffee dazugeben und mit Kristallzucker nach Geschmack abschmecken.

Almkaffee schmeckt besonders gut, wenn er mit einer Schlagobershaube und Kaffee- und Zimtpulver serviert wird.

TIPP: Angeführte Mengen ergeben ungefähr 2,5 l Almkaffee. Bohnenkaffee stark zubereiten, sonst kommt sein Geschmack zuwenig heraus.

Almkaffee ohne Kaffee

1/4 l süßen Rahm, 1/2 l Milch, 2 Dotter, 1/4 l Schnaps, 1 Vanillestange, 5 Nelken, 1 Zimtrinde, 1 Sternanis, Zucker nach Geschmack

Rahm, Milch, Vanillestange, Nelken, Zimtrinde und Sternanis aufkochen und zwei gut versprudelte Dotter hinzufügen.

Schnaps und Zucker nach Geschmack beifügen und noch warm servieren.

TIPP: Die Gewürze können auch mit Wasser zu einem kräftigen Gewürzsud vorgekocht werden.

Preiselbeerschnaps

200 g Preiselbeeren (Grantn, Grestling), 500 ml Obstbrand, 100 g Kandiszucker

Die vollreifen Preiselbeeren gründlich reinigen und in eine saubere Flasche füllen.

Kandiszucker darüber geben und mit Obstbrand auffüllen.

Gut verschließen und ca. 2 Wochen an einem warmen, sonnigen Platz stellen.

Die Flasche täglich leicht drehen, damit sich der Zucker gut auflöst und mit dem Ansatzschnaps vermischt.

Anschließend den Preiselbeerschnaps filtern und in dunklen Flaschen an einem kühlen Ort aufbewahren.

TIPP: Heidelbeeren statt der Preiselbeeren verwenden. Dieser Heidelbeerschnaps passt gut zu Süßspeisen und als kleiner Abschluss nach einer kräftigen Jause auf der Alm.

Zirbengeist

3–5 Zirbenzapfen, 200 g Kandiszucker, 1 l Kornbrand, 1 großes Glas mit Deckel

Zirbenzapfen von Nadeln und Schmutz befreien und in 1/2 cm dicke Scheiben schneiden. Diese Scheiben in ein großes weites Glas geben und mit Kandiszucker bestreuen.

Mit Kornbrand auffüllen und den Deckel schließen. An einen warmen und sonnigen Platz stellen.

Das Glas dort ca. 3 bis 4 Wochen aufstellen.

Während dieser Zeit das Glas mit dem Inhalt vorsichtig drehen, damit der „Zirbengeist“ eine schöne rote Farbe bekommt.

Nach dieser Zeit den Ansatz filtern.

Den Zirbengeist in dunkle Flaschen füllen, gut verschließen und an einem dunklen, kühlen Ort bis zur weiteren Verwendung aufbewahren.

TIPP: Ein Stamperl dieser scharfen Köstlichkeit ist ein bekömmlicher Abschluss nach dem Genuss von deftigen Speisen.

Vorratshaltung und Hausmittel

Das Sammeln von Kräutern, Beeren, Schwammerln und verschiedenen anderen brauchbaren Dingen aus Wald und Almwiese war meist eine zufällige Tätigkeit, wenn die Sennerin nach dem Vieh schaute.

Die Sennerin konnte so täglich den Duft und die Kühle des Waldes genießen, obwohl es ihr oft vielleicht gar nicht bewusst war. Das Gehen auf einem weichen Almboden, oder in einem leicht rauschenden Bergwald ist ein Erlebnis für Körper, Geist und Seele, und sollte heute wieder viel bewusster erlebt werden.

Im Laufe des Almsommers werden viele Pflanzen und Früchte rund um die Almhütte reif und für den Wintervorrat angelegt. Dazu zählen die Ansatzschnäpse, die getrockneten Früchte und Blätter und auch die eingelegten Früchte.

Früher wurde dies alles vielmehr für heilende Hausmittel verwendet, die auch heute noch gerne angewendet werden. In diesen reifen und naturbelassenen Gaben der Natur stecken der volle Nährwert und auch die volle Kraft der Schöpfung.

Mit diesen während des Almsommers erzeugten Produkten wurde immer sparsam umgegangen, denn sie mussten wieder ein Jahr lang für Mensch und Tier, und vor allem für einen langen Winter ausreichen.

Ringelblumencreme

1 Hand voll Ringelblumenblüten,
500 g Schweinefett, 2 Bienenwaben

Die Blüten kurz vor der Vollreife an einem trockenen Tag pflücken.

Schweinefett in einem emaillierten Topf leicht erwärmen und die Blütenblätter hinzufügen.

Das Ganze zugedeckt 24 Stunden stehen lassen.

Danach die Bienenwaben in den Topf geben und die Creme nochmals solange bei leichter Hitze erwärmen, bis sich die ganze Masse verflüssigt hat.

Anschließend die flüssige Creme in ein dunkles Glas füllen und mit einem Deckel verschließen.

An einem kühlen und dunklen Ort bis zur weiteren Verwendung aufbewahren.

TIPP: Besonders gut für die Aufbewahrung von selbst hergestellten Cremes eignen sich Töpfe aus Ton oder Keramik, da in diesen die erforderliche kühle Aufbewahrung besonders gut möglich ist.

Eingelegte Schwarzbeeren

Reife und geputzte Schwarzbeeren in ein Glas füllen und mit Schnaps oder Korn übergießen.

Dies ist ein altes Hausmittel gegen Durchfall und Magen-Darmverstimmungen.

Getrocknete Schwarzbeeren

Reife und geputzte Schwarzbeeren in flache, mit Papier ausgelegte Holzladen oder andere Gefäße legen und entweder im luftigen Dachboden der Almhütte oder im Ofenrohr, welches nicht mehr zu heiß sein darf, trocknen.

TIPP: Nur vollreife Früchte verwenden. Diese haben einen höheren Zucker- und einen geringeren Wassergehalt. Sie trocknen so schneller und sind dann gut haltbar.

Getrocknete Pilze und Eierschwammerln

Das Trocknen von Pilzen und Schwammerln erfolgte meist im luftigen Dachboden der Almhütte oder auch im oberen Bereich der offenen Feuerstelle.

Dazu wurden die Schwämme geputzt und fein aufgeschnitten in flache, mit Papier ausgelegte Holzladen gelegt.

Grantnsulze

Sehr reife, schön dunkelrote Preiselbeeren mit Äpfeln und, wenn vorhanden, mit etwas Zucker kochen, bis alles gut durchgekocht ist. In heißem Zustand in Gläser füllen und sofort verschließen.

Dies wurde bei Bedarf als Getränk (mit heißem Wasser verdünnt) und als fiebersenkendes Hausmittel verwendet.

TIPP: Diese Grantnsulze kann auch ohne Zucker gekocht werden, da die reifen Früchte sehr gut gelieren.

Preiselbeertee

Vollreife Preiselbeeren trocknen lassen, zerdrücken und 1 TL davon in 1/4 l kochendem Wasser einige Minuten ziehen lassen.

Den Tee abkühlen bis er nur noch leicht warm ist.

Durch ein Sieb gießen.

Bei Bedarf 1 bis 2 Tassen trinken.

TIPP: Preiselbeertee hat eine vorbeugende Wirkung gegen Erkältungen und Erkrankungen der Harnwege.

Glossar

Abgezogen	mit einem Schlauch abgesaugt
Abseihen	durch ein Sieb gießen
Auswalken	ausrollen
Birstlinggras	hartes, feines Gras
Brocken	mit dem Messer vom Laib herunter-geschnittene, feine Brotschnitten
Butterrührkübel	Drehbutterfass
Fedlfuhre	Wagen mit dem Hab und Gut der Sennerin
Flicken	Stücke
Foam	Schaum
Einbrenn	in heißem Fett angebräuntes Mehl
Gallerte	mit Lab eingedickte Milch
Gewachst	mit Wachs überzogen oder paraffiniert
Grantn	Preiselbeeren
Grea	grün
Grestling	Preiselbeeren
Karwasser	Molke
Koch	meist ein eingedicktes Milchgericht
Kramer	Kaufhaus im Ort
Kranawitten	Wacholder
Läuter	Eiweißabsatz bei der Butterschmalzherstellung
Linden	Mehl trocken rösten
Legieren	nach dem Kochen ein versprudeltes Ei einrühren
Model	Form aus Holz für Butterherstellung
Muas	eine breiartige Speise
Muaser	Schmarrenschaufel und Gabel in einem Gerät
Nackerte Knödel	Mehlknödel
Schotten	eine topfenähnliche Masse aus Buttermilch hergestellt
Schwarzweißbäckerei	Mürbteiggebäck, bei dem eine Hälfte des Teiges mit Kakao gefärbt wird
Servitut	ersessenes Recht
Stilllegen	in Ruhe stehen lassen
Überseekoffer	Holzkoffer mit halbrundem Deckel
Versprudeln	verrühren, verquirlen
Wizl	ein in Fett gebackenes Gebäckstück

Dank an die Sennerinnen und Bäuerinnen

Ein Buch wie das vorliegende kann nur geschrieben werden, wenn Sennerinnen und Bäuerinnen bereitwillig Auskunft geben und ihre Geheimnisse preisgeben. Viele der befragten Frauen haben sich gefreut, dass die alten und überlieferten Rezepte aufgeschrieben werden, und so wieder ein Stück Tradition unserer Heimat bewahrt bleibt. Die Erhaltung unserer Almregionen kann auch weiterhin nur durch die Arbeit der Sennerinnen und Bauern, und die Begeisterung der Menschen für das Almleben gelingen. Alle Almgeher und Wanderer sind eingeladen, die Köstlichkeiten der Speisen auf den Almen nachzufragen, und sie dort oder zu Hause zu genießen.

Ein herzliches Dankeschön für die Auskünfte, das Vorzeigen von Herstellungstechniken und die Zubereitung der Speisen gilt im Besonderen:

- Christine Fritz, Edelschrott, Steiermark
- Monika Tscharnig, Lienz, Osttirol
- Astrid Brunner, Moosburg, Kärnten
- Ing. Herma Hartweger, Penk im Mölltal, Kärnten
- Martina Ebenschweiger, Reith in der Kleinsölk, Steiermark
- Bgm. Ernst Daum, Kleinsölk, Steiermark
- Dipl. Ing. Franz Bergler, Stainach, Steiermark
- Helga Storkenmaier, Rosenheim, Bayern
- Dr. Paula Weinberger-Miller, München, Bayern
- Martin Hager, Mellau, Vorarlberg
- Gerlinde Häninger, Rinn bei Innsbruck, Tirol
- Dr. Elsa Eisat-Sammer, Laakirchen, Oberösterreich (und Obereggen, Südtirol)
- Betty Steinbach,Steinbachalm in Pusterwald, Steiermark
- Fam. Platzer, Kolbnitz, Kärnten
- Gerlinde Grischenig, Penk im Mölltal, Kärnten
- Ingrid Platzner, Penk im Mölltal, Kärnten
- Dr. Sigrid Günther, Eisenerz, Steiermark

Impressum

Achauer Straße 49a, A-2333 Leopoldsdorf, E-Mail: buch@avbuch.at, Internet: www.avbuch.at

ISBN 3-7040-2036-2

Projektleitung: Alexandra Mlakar
Korrektorat: Axel Fussi – transculture
Satz: armanda,geisler Wien
Druck: AV+Astoria Druckzentrum, Wien

Printed in Austria

Bildnachweis

Böswirth & Thinschmidt (Umschlag, S. 7, 8, 16/17, 44/45, 72/73, 90/91, 108/109, 121, Freisteller)
Niehoff (S. 39)
Wolfgang Redeleit (S. 26/27)
Autorinnen (alle anderen Abbildungen)

Rezepte von A bis Z